프 로 필

필자가 아산시 온양온천에서 20년간 성장하다 서울에 온지도 어언 60년이 되었습니다.

그동안 사업과 동시에 쓴 글들만 해도 명언집과 인생처세술 그리고 애정소설

과 자서전 등 111권째 집필하여 국립중앙 도서관에 납본되었습니다. 사업할 때는 80여 건의 특허를 받아 밀폐 용기의 원조인 락앤락 등 여러 가지가 히트하여 사회에 이바지하였고 일본에서는 현지법인 생보석을 5년간 경영하기도 하였습니다.

형제 중 두 아우는 미국으로 건너가 사업을 한지도 40년이 지나고 있으며, 자녀 중 전선영 감독은 상업 영화 <폭로; 눈을 감은 아이>를 감독하여 유럽 국제영화제와 아시아 영화제에서 두 번이나 신인 감독상을 수상하였고, 브라질 영화제와 뉴욕 영화제에 초청되어 다녀온 후 개봉을 앞두고 있습니다. 다른 자녀들도 사업과 명 강사로 활동하면서 행복한 가정을 누리고 있습니다. 필자도 쉬지 않고 현역으로 있으며 시간이 있을 때마다 건강과 독서를 염두에 두고 실천하며 늘 집필을 하고 있습니다. 저자 박사 전준상(010-8558-4114)

농협 302-1293-8408-21 자수정 출판사
자수정 출판사

누구나 볼만한 실화소설

인생 낙원 1

지 은 이 - 박사 전준상
발 행 처 - 자수정 출판사
발 행 일 - 2025년 10월 10일
신고번호 - 제 2018-000094호

서울 영등포구 영중로65
자수정출판사 010-8558-4114
정 가 ₩20,000원
*파본은 교환해 드립니다.

NAVER 네이버 검색창에 전준상
YouTube 유튜브 검색창에 박사전준상

E-mail - yangko719@daum.net

차 례

	머리말	5
1.	벚꽃 피는 동경에서 요코하마까지	7
2.	알아야 잘 할 수 있다	30
3.	소개팅 처녀 이설희	41
4.	아오자이가 잘 어울리는 베트남 여인	62
5.	중국대륙 심양을 가다	87
6.	여대생 장윤정	104
7.	외로워하는 윤정이	113
8.	순결을 받친 윤정의 첫 경험	123
9.	마마보이 손영길 편	141
10.	하얀 집 요정	149
11.	옹녀 같은 경아	169
12.	시작이 있으면 끝이 있다.	185
13.	바캉스를 같이 보낸 아영	200
14.	의처증에 시달린 봉순	216
	부록	
	마카	231
	초유	252
	헤모힘	258

전 박사 집필 목록

1	폰메일 연가	36	명언시리즈 7	71	화려한 인생 1
2	핫아영1	37	명언시리즈 8	72	멋진 인생 2
3	핫아영2	38	명언시리즈 9	73	즐거운 인생 3
4	핫아영3	39	명언시리즈 10	74	행복한 인생 4
5	日本라지롱 구	40	아침칼럼 11	75	곱게익어가는 인생 5
6	日本 핫 - 1	41	아침칼럼 12	76	한 번뿐인 인생 6
7	日本 핫 - 2	42	아침칼럼 13	77	황금빛 인생 7
8	日本 핫 - 3	43	아침칼럼 14	78	황홀한 인생 8
9	하하 소책자	44	아침칼럼 15	79	만족한 인생 9
10	레이저 혁명	45	아침칼럼 16	80	일곱빛깔
11	오 마이 갓 1	46	아침칼럼 17	81	비져케어 소책자
12	오 마이 갓 2	47	용불용설(用不用說)	82	용트림 소책자
13	오 마이 갓 3	48	보보 1	83	야생마 소책자
14	화화유 1	49	보보 2	84	나의 건강 나의 행복
15	화화유 2	50	보보 3	85	두 배로 산 인생 1
16	화화유 3	51	불륜천국 1	86	두 배로 산 인생 2
17	독신녀	52	불륜천국 2	87	두 배로 산 인생 3
18	황금 꽃	53	불륜천국 3	88	매력
19	쥬얼리 여인 1	54	여자의 색 1	89	멋
20	쥬얼리 여인 2	55	여자의 색 2	90	실버대학 소책자
21	쥬얼리 여인 3	56	본질 1	91	올드보이 소책자
22	킹카 퀸카	57	본질 2	92	남자의 향기 소책자
23	나의 나침판	58	본질 3	93	100세 시대가 온다
24	나의 멘토	59	유혹 1	94	인생 승리
25	나의 황금물결	60	유혹 2	95	남은 여생
26	나의 향기	61	유혹 3	96	지혜 철학
27	님의 그리움 1	62	살아온대로살아간다.	97	불로장생 소책자
28	님의 그리움 2	63	백세시대	98	곱게 익어가는 시대
29	님의 그리움 3	64	서울 카사노바 1	99	거목의 길 1
30	명언시리즈 1	65	서울 카사노바 2	100	큰 인물들
31	명언시리즈 2	66	서울 카사노바 3	101	천태만상3 자서전 上
32	명언시리즈 3	67	서울 카사노바 4	102	파란만장 자서전 下
33	명언시리즈 4	68	명품인생 1	103	구사일생 - 탈북녀
34	명언시리즈 5	69	명품인생 2	104	고향의 봄
35	명언시리즈 6	70	명품인생 3	105	영등포의 밤
106	인생길 자서전	107	애터미 시대	108	회춘 비결
109	인생낙원1	110	인생낙원2	111	인생낙원3

머 리 말

 111권째 책 인생 낙원이란?
괴로움, 고난, 슬픔 따위 없이 안락함과 평온이 느껴지는 상태를 말한다.
인생 낙원을 느끼기 위해서는
첫째, 아픈데 없이 장수하는 것이며
둘째는 인생을 즐길 수 있는 지혜
셋째는 지식이 쌓여 도전하고, 하는 일이 있어서 움직여야 한다.

 밑천이 많은 사람이 하는 장사가 잘 굴러가듯
소설가 역시 경험이 많아야 창작을 해낼 수가 있다.
우리의 두뇌는 사람의 감정을 제일 좋아하기 때문에 권력이나 경제적으로 성공한 사람보다는 이성 친구와 열애에 빠진 사람이 훨씬 즐겁고 활기찬 삶을 지내고 있다. 인생은 단 한 번뿐 자기가 하고 싶은 즐거운 일을 가장 많이 한 사람이 나이보다 젊어 보이고 건강하므로 삶을 제일 잘 산 사람이다.

외로움을 달래려고 구두쇠도 지갑을 손쉽게 여는 것을 보면 마음에 드는 이성만큼은 짠돌이도 마음을 움직인다.

 본 소설의 주인공 주상은 왕을 부를 때 쓰는 말이며 수많은 여자를 섭렵하였다. 내용 중 극히 일부 여성은 나이와 이름을 가명으로 처리한 체험 실화소설이다.
여자들이 모이면 '바람둥이는 정말 질색이야.' 하면서도 바람둥이에게 손쉽게 마음을 빼앗기며 무너지는 이유는 외모와 매너에 반하기도 하지만 적극적으로 대시 하는 열정이 결정적이다. 그러니 용기 있는 자가 미인을 얻는다는 말이 생겨난 것이다.

 바람둥이는 유전적인 원인도 있지만, 능력이 있기때문에 바람둥이치고 무능한 사내는 없다.
여자들이 원하는 것은 감성적 사랑이기 때문에 오로지 당신만 사랑한다는 열광적 열정적 칭찬에 마음을 활짝 열게 만드는 기술자가 진정한 킹카라 할 수 있다.

2025년 10월 10일 저자 박사 전준상
(풍무대에서~)

1. 벚꽃 피는 동경에서 요코하마까지

 벚꽃이 만개한 四月 무역 진흥공사 주최로 매년 동경에서는 무역 전시회가 열렸다.

주상은 출판사와 홈쇼핑 및 유통업을 겸해서 하는 사업가인지라 제품을 출품시켜 놓고 일본 동경으로 출장을 나갔다. 일본사람들이 운동 중 제일 좋아하는 야구를 관전할 때 확대해서 보는 망원경인데 손에 들지 않고도 운동모자 앞에 가볍게 부착한 제품이다.

한국 상품이 품질이 우수하여 일본인들에게 정평이 나서 호응이 좋았다.
전시 기간은 3박 4일 짧은 기간이므로 같이 동행한 영업부장과 현지에서 채용한 아르바이트 도우미 학생에게 전시장을 맡기고 주상은 동경 시내로 향했다.
日本 인들이 한국 사람보다 60배나 책을 더 많이 본다는 출판 시장을 조사하기 위하여 서점 여러 곳을 다녀 보았다.

그러면서도 틈새를 이용하여 성생활용품 시장도 **빼놓지** 않고 둘러 보았다.
우리나라는 책보는 사람이 없어 하루하루 서점이 문을 닫고 있는데 일본 서점가는 활기차 있었다.
심지어 편의점 진열대에 놓여있는 신문, 만화, 월간잡지 이외 진열해 놓은 책들은 웬만한 서점을 방불케 할 정도로 풍성하였다.

그리고 우리나라 여성 관광객이 단체로 오면 제일 먼저 관광버스가 들이대는 성생활용품점에는 1층부터 5층까지 각양각색의 제품들이 백화점을 방불케 하였다.
궁금하여 한국 관광객이 와서 제일 많이 찾는 상품이 무엇이냐고 판매 매니저에게 물어보았다.
남자는 - 정력제(쇠말뚝)
여자는 - 자위기구(서방님)라고 말한다.
김포공항에서 여자들 핸드백을 검열하면 자위기구가 많다더니 여성들이 자위기구를 많이 이용한다는 말이 헛소문은 아닌듯했다.

전시장을 이곳저곳 뛰어다니느라 저녁 시간이 채 안되었지만 시장기를 느꼈다.
일본에 진출할 꿈을 안고 있던 터라 이모저모 알아볼 것이 많았다. 일본 식당보다는 한국 교민이 운영하는 한국 식당을 찾으려 하였으나 눈에 잘 띄지 않아 앞에 보이는 검정 휘장에 흰 글씨로 스시(초밥), 사케(정종)라고 쓰인 조그마한 일본 식당으로 머리를 디밀며 들어섰다.

이른 시간인지라 손님이 전혀 없고 식당 여주인 한 사람뿐이었다.
30대 중반으로 보이는 여주인은 상냥하게 반기며 '어서 오세요' 한다. 일본 여자들의 간지럽도록 특유한 몸짓으로 공손하게 인사를 하더니 자그마한 식당 안 좁은 공간 식탁 앞에 마주 앉으니 "혼자세요" 하며 묻는다.

네~ 라고 하니
하이~하고 대답을 하면서 메뉴판을 식탁 위에 밀어내며 보인다.
주상은 주상답게 메뉴판을 들여다볼 것도 없이 스시 2인과 사케를 대포잔으로 2잔을 시키니 여주인은 또 '하이' 하고 대답을 한다.

키가 1m 80cm로 큰 주상을 다시 쳐다보는 것으로 보아 남자가 체격이 좋아서 한꺼번에 2인분을 먹어야 양이 찬다는 생각을 하는 것 같았다.

일본 석간신문을 들여다보면서 있으니 마침내 상이 차려져 주상 앞에 초밥 두 접시와 정종 두잔이 한꺼번에 나란히 나왔다.
밥상을 쳐다보던 주상은 하하하 웃더니
초밥 한 접시와 정종 한잔을 건너편 쪽으로 옮기면서 마담과 같이하기 위해 2인분을 시킨 것이라고 하였다. 주상이 건네는 말에 여자 주인은 당황하면서 얼굴을 붉히며 어쩔 줄 몰라 한다.

주상은 일본까지 와서 객고도 풀어야 하겠고 앞으로 일본에 와서 사업을 하려면 일본 여자 한 사람 정도는 알아 놓아야 할 것 같아 수작을 부리는 거였다.

그녀는 마지못해 수줍어하면서 마주 앉았다.
우선 주상은 정종 한잔을 높이 쳐들며 "반갑습니다" 하며 건배를 청하였다.
그러자 그녀도 얼떨결에 술잔을 들고 마주치면서 건배하였다.

그리고 나서 그녀는 "우리 집에는 처음 오신 것 같은데 어디서 오셨나요?" 물었다.
주상은 서슴없이 "서울에서 왔습니다." 하며 작업에 들어갔다. 그녀는 두 번째 깜짝 놀라며 말하였다.

"아니 일본말을 그리도 잘 하세요. 꼭! 일본사람으로 알았어요."

"네~ 나는 일본어로 로맨스 소설을 쓰는 작가입니다."
라고 말하니, 그녀는 또 세 번째 놀라며
"그러세요 영광입니다." 하면서 고개를 숙여 다시 한번 인사를 하였다.
그때, 주상에게 영업부장이 스마트폰으로 전화가 왔다.

"사장님 오늘 대박이에요. 오늘이 첫날인데 가지고 온 망원경이 단 한 개도 없이 다 팔렸어요.
내일, 모레, 이틀이나 더 남았는데 어떡하지요.
지금 마감 시간도 되었고 해서 문을 닫으려고 해요."
하면서 보고를 해왔다.

"박부장 수고했네~ 우선 저녁 식사하고 들어가서 쉬고 내일 일은 내일 생각하기로 하세." 하면서 유쾌하게 폰을 끊었다.
주상은 한껏 기분이 고조 되었다.
사업도 대박이 났다 하니 술맛이 더 좋았다.
기분 좋게 마시는 술은 안 취하는 법이다.
싱싱한 사시미에 사케 정종을 즐겨 찾는 주상은 마음에 드는 여인과 같이하니 더욱 술에 취하지 않았다.

사케 대포 잔을 연거푸 마셔도 밑 빠진 독에 물 붓기였다.
이른 시간인지라 손님도 없고 단 둘뿐이니 주거니 받거니 하며 분위기는 무르익었다. 작업 시작한 지 몇십 분이 걸리지 않아 호감을 보이니 분위기가 더욱 고조되었다.

그녀의 나이는 35세이며 이름은 하이꼬라 하였다. 남편은 암으로 일찍 사별하여 미망인으로 살아온 지 3년이 되었다고 한다.
여자 나이 35세이면 성욕이 가장 왕성할 나이다.
하이꼬도 거나하게 취하자 자신의 사생활까지 처음 찾아온 손님에게 모두 털어놓았으며 금방 스스럼없는 사이로 가까워졌다.

그녀는 물장사하다 보니 입담도 자연스럽게 잘 이어갔다.
자기는 장사를 하느라고 몸조심하지 않으면 금방 소문이나 가게 문을 닫아야 한다고 조심스럽게 말했다. 그래서 남편 사별 후 생계를 꾸리기 위해 가게 문을 연지 2년이 되었지만, 남자와 연애는 꿈도 꾸지 못했다고 하였다.
더구나 마음에 쏘옥 드는 남자도 없었다고 한다.

"여자 나이 30대 중반이면 여자에게 절정기인데 3년씩이나 남자 없이 어떻게 지냈어요"
"3년이 아니라 5년도 넘어요. 남편이 투병한 지가 2년이 넘으니까요" 하면서 호호호 간드러지게 웃는다.

술 한 잔을 더 주문하자
"괜찮으시겠어요? 술이 고래인 남자는 그 방면에는 실력이 약하다는데"
"한국 남자는 일본 남자하고는 다르지요
섬나라 일본은 체구가 왜소하고 먹는 것도 사시미 초밥 몇 조각 먹으니 힘을 쓸 수 있나요. 그러니 일본 남자들은 참새 교미하는 꼴밖에는 안되지요.
한국 남자는 대륙적인 기질을 타고 난데다가 소고기, 돼지고기, 닭고기를 많이 먹어 힘도 대단해요."

웬일인지 오늘따라 기회를 만들어 주는지 손님이 두 팀 정도밖에는 오지 않았다.
하이꼬는 잽싸게 손님상을 차려주고는 주상 테이블로 다시 와서 앉았다.
주상은 운이 좋은 건지 대박이 연거푸 터지는 건지 손님이 없는 것이 은근 기분이 좋았다.

한류 열풍으로 민족적 악감정도 많이 희석되어 가까워

졌기 때문에 처음 보는 하이꼬가 마음에 드는 데다가 일본 여자 맛을 보아야겠다는 욕정이 불타있었다.
이제 본격적인 작업을 걸었다.
창밖을 내다보니 휘영청 걸려있는 보름달은 유난히도 밝았다.

그녀도 사내 따라서 커다란 둥근 보름달을 쳐다보자마자 사람을 유혹하듯
"어머 저렇게 밝은 보름달은 처음 보네요." 하며 감탄하였다.
주상도 때를 놓치지 않았다.
"저 보름달 지는 것이 아까우니 요코하마까지 드라이브나 갑시다." 하며 술값은 물어보지도 않고 3만 엔을 덜컥 내밀어 주었다.
보름달에 비치는 벚꽃은 더욱 투명하게 비추어 분위기를 한껏 고조시키는 것 같았다.

한국 돈 36만 원 정도라 하이꼬는
"어머~ 이러시면 안 돼요. 하루 장사 한 매출 정도인데 만 엔만(12만원) 받겠어요" 하면서 2만 엔은 되돌려 내놓는다.
남에게 폐 끼치는 것을 싫어하는 일본인들의 특성 때문인 것 같았다.

"나 때문에 장사 못 한 대가니 받아 두세요" 하며 도로 주어도 한사코 받지를 않았다.
"그럼 요코하마에 가서 술 한 잔만 더 사 주세요"라고 말한다.
주상 특유의 매너에 그녀도 유혹되어 넘어가고 있었다.
역전으로 가서 신칸센을 타고 가느니 약 한 시간 거리의 요코하마까지 택시를 타고 가기로 하였다.

두 사람은 어느새 다정한 연인으로 변하여 택시 뒷좌석에 나란히 앉았다.
외출복으로 검정 원피스를 갈아입은 하이꼬는 일본 여성 특유의 몸매로 날씬하며 단아하였다.
여인의 육체는 의외로 탄력이 있어, 마치 물결이 일 듯 자연스럽게 움직인다. 멸치처럼 깡마르지 않고 적당히 찐 살집 때문인 것 같았다.
젊은 미망인 이름만 들어도 매력적인 존재였다.
일본 속담에 다다미와 여자는 새로울수록 좋다고 하지 않던가 실로 생각지도 않은 행운이 넝쿨째 굴러 들어온 것이 이런 것을 두고 한 말인 것 같았다.

주상은 그녀의 손을 살며시 잡자 뿌리치지 않으며 오히려 주상의 손을 두 손으로 감싸 잡으며 아예 여자의 상반신까지 사내의 가슴에 내맡긴 채 말했다.

"내가 미쳤지. 제가 술에 취한 모양이에요"
그녀는 주상의 가슴속에 그대로 흡수되어 버리고 있었다.
"요코하마 어디가 좋을까?"
앞만 보고 질주하던 택시 속에서 남자가 그녀에게 물었다.
"저는 아무 데든 좋아요. 당신이 가는 곳이라면"
어느새 당신이라는 호칭으로까지 진도가 나갔다.
눈치 빠른 택시기사는 차 안에 조명등도 꺼 놓았던 터였다.

이런 기회를 그대로 놓쳐 버릴 주상이 아니었다.
그는 옆으로 다가오는 여인을 그대로 덥석 껴안으며 입술을 더듬었다.
여인은 처음 순간에는 고개를 흔드는 듯싶었다.
그러나 입술과 입술이 말미잘같이 마주 닿으며 혀와 혀가 엉키자 여인은 저항의식을 상실한 채 아예 몸을 맡기며 어깨를 움켜잡기까지 하였다.

달리는 택시 속에서 뜨거운 포옹과 맹렬한 키스가 한없이 계속되었다.
오랫동안 독수공방에 시달렸던 여인은 넘쳐나는 정열을 억제할 길이 없는지 호흡을 새근거리며 몸을 비비기까지 하였다.
여자가 흥분 상태가 고조되자 장난칠 심산으로 여자를 떼 내면서 "기사님 되돌아갈 수 없나요." 하며 물었다.
그러자 그녀는 남자의 허벅지를 호되게 꼬집어 버린다. 되돌아가자는 데 대한 무언의 항변이었다.

기사는 "농담이시지요" 하면서 앞만 보고 질주하고 있었다.
"요코하마까지 가는 것은 죄악이 될 것 같아서 그래요." 하니 그녀는 허벅지를 또 한 번 꼬집는다.
기사는 "좋은 분들끼리 여행을 떠나는데 죄악이 될 게 있겠어요" 하며 능청을 떨었다.
"기사분도 경험이 많으셨나 보지요"
"네. 다소 경험은 있죠! 하하"
그러나 그런 멋은 사장님처럼 연세가 지긋하신 분이 아니면 이해를 못 할 겁니다.
요새 젊은 아이들은 속전속결식으로 생리적인 욕구만 서두를 뿐이지 거기까지 도달하기 위한 멋진 과정이 어디 그냥 되나요. 연애는 풍류적이어야 하지요."

어느덧 바닷가에 도착하여 원앙금침 모텔에 여장을 풀었다.
주상은 신혼여행 온 것 같다면서 신부가 천하일색인데

전망까지 천하일품이니 금상첨화라고 그녀를 칭찬하며 그녀의 두 손을 덥석 잡아끌어 포옹을 길게 해 주었다.

망망대해가 한눈에 굽어 보이고 쟁반같이 둥근달이 중천에 둥실둥실 떠 있어서 달빛에 넘실거리는 밤바다는 장엄하고 웅장하였다.

이미 익을 대로 농익은 나이에 불감증이 아닌 남자의 맛을 아는 여자 같았다. 불감증이었다면 남자를 싫어하기 때문에 처음 보는 외국 남자를 여기까지 따라오지 않았을 거라는 계산까지 하는 주상이었다.
그래서 아프리카에서는 남자가 사냥을 자주 나가기 때문에 아내에게 남자 맛을 모르게 하려고 음핵을 파내는 할례를 악행하고 있지 않던가! 남자 맛을 알면 가정을 버리고 도망가기 때문이다.

사내는 거침없이 농담하였다.
"오래 굶주렸으니 각오를 단단히 하라고"
"어머~ 그런 말씀은 좀 삼가해 주시는 게 어때요?"
여인은 눈을 곱게 흘겨보다가 이내 간드러지게 웃었다.
"사장님은 여자를 무척 많이 아는 것 같아요. 이러다가 사장님한테 반하면 어떡하죠."

모텔에서 시킨 맥주잔을 나누면서 농은 무르익어갔다.
"술을 그리 많이 마셔도 괜찮으세요?"
"술에 취하면 만리장성을 쌓지 못할까 봐 걱정인가 보지. 하하하."
주상은 Made in USA인 옥타코사놀 플러스를 출장 시 비상용으로 가지고 다니기 때문에 자신이 있었다.

"아이참! 짓궂게도 구시네 ~~ 물론이죠. 그런 걱정도 없지는 않지 뭐에요 호호." 여인은 간드러지게 웃으며 농담을 빙자로 솔직한 심정을 말한다.

옥타코사놀 플러스

여인은 2년간 밥장사 물장사한 사람답게 비릿한 농담도 잘 받아넘기며 웃어대었다.
여자가 비릿한 농담 하나 받아넘기지 못하는 여자치고 섹스에 매력적인 여자는 보지 못하여서 웬만한 짙은 농담을 받아 줄 수 있는 여자가 감칠맛이 나는 법이다.

그녀는 맥주잔을 비우더니 닦고 온다고 하며 모텔에서 제공하는 잠옷을 들고 일어섰다.
주상은 능글맞게 같이하자고 말하니 싫다고 부끄러워하며 여인은 의미심장한 눈으로 흘겨보고는 그대로 욕실로 들어가 버렸다. 사내도 회심의 미소를 지으며 잠옷으로 갈아입고 욕실 문을 열고 들어섰다.
물에 젖은 여인의 알몸뚱이를 바라보다가 그만 너무나도 풍만한 육체에 얼이 **빠**지도록 황홀하였다.

주상은 여자 전문가답게 여자 보는 눈이 예사롭지 않았다. 그러니 111권의 책을 출간했고 그중 애정 소설을 30권이나 쓸 수 있었다.
중국, 태국, 베트남 여자와 백계 러시아 여자까지도 두루 섭렵해본 남자라 여자를 감상하는 안목은 매우 높은 편이다. 그런데도 하이꼬의 **빼**어난 육체미에 경탄이 절로 나왔다.
35세면 잔주름이 새록새록 생기기 시작하며 노쇠기로

접어들 나이인데 여인은 오히려 젊음의 상한 곡선을 그리며 젊고 싱싱했다.

가슴은 풍만하고 허리는 잘록하며 히프는 넓적하면서 곧은 몸매와 다리는 일직선으로 쭉 뻗어 날씬하다.
백설같이 희고도 매끈거려 보이는 피부는 탄력 있었고, 축 늘어지지 않는 유방은 마치 여고생처럼 금방 몸에서 솟아난 듯이 정면으로 힘차게 돌출되었다.
게다가 아름답게 솟은 유방 한복판에는 앵두 알 같은 단추가 달려있어서 뽀얀 빛깔과 붉은 보석이 한데 어울려 뛰어난 예술품을 이루고 있었다.
주상은 황홀하게 바라보며 침을 꼴깍 삼켰다.

"부끄러워요~ 왜 그렇게 쳐다보시죠! 빨리 샤워나 하세요."
"몸은 마치 백계 러시아 여자 같아."
"어머 당신은 백계 러시아 여자와도 관계가 있었던가요?"
묻는 말에는 대답하지 않고 하이꼬 상은 젊은 나이에도 불구하고 과부가 된 이유를 이제 알겠어. 하며 말했다.

그녀는 돌아서서 수건으로 물기를 닦다 말고 뒤돌아보면서

"그건 무슨 말이죠?"
"그렇게 아름다운 몸매를 가졌으니 남편이 매일 밤 정력 낭비로 병들어 죽은 거야. 남자는 사정을 억제하면 신선이 되지만 매번 싸면 단명하는 법이지"
"하하하. 어머나 악담이 너무 심해요"
여인은 간담을 녹여 낼 듯이 매혹적인 미소를 지으며 나가 버렸다.

일본 여자는 작고 아담하지만, 뻐드렁니에 피부도 거칠고 얼굴도 예쁘지 않다고 말을 들어 왔는데 그와는 정반대이니 일본 여자도 일본 여자 나름이었다.
무슨 여복이 많아 얼굴도 예쁘고 몸매가 뛰어난 여자를 만났으니 지극히 흐뭇할 수밖에 없었다.
주상은 욕실에서 나와 보니 그녀는 어느새 창문 커튼까지 모두 닫고 스탠드 무드 등만 켜 놓은 채 침대 이불 속에 쏘옥 들어가서 남자 오기만을 기다리며 만반에 태세를 갖추고 대기 상태에 있었다.

주상은 놀리느라고 짓궂게 농담을 던졌다.
"왜 벌써 불을 껐어요. 캄캄하게"
여인은 흥분에 들뜬 어조로 말했다.
"심술쟁이..."
사내는 이불 속으로 기어들어 가며 여인의 앞가슴을 더

듬으니 여인은 기다렸다는 듯이 등을 와락 얼싸안으며 전신을 바르르 떨면서 말했다.
"안아줘 ~ 숨이 끊어지도록 안아줘"
그러자 사내는 여인의 허리를 두 동강이가 나도록 힘껏 끌어안으며 입술을 더듬었다.

그녀의 입술은 화끈거릴 정도로 뜨거웠다.
여인은 못 견디듯 몸을 비틀며 신음소리를 내며 사내의 입술을 정신없이 빨아대었다.
사내는 알코올의 힘을 빌어 마취된 상태이니 시간은 자유자재이며 얼마든지 끌 수가 있었다.

능숙한 사내는 자신감이 넘쳐 여자를 오래 끌며 여러 번 울리고 나서 찐~하게 대포를 한 번에 터트리려고 작심한 상태였다.
주상은 여러 여자와 관계를 해 보았기 때문에 도가 트여 여자마다 맞춤형으로 대응할 수가 있는 기술자였다.

여자의 성감이나 체질은 천태만상, 백인백색이기 때문에 성을 전혀 모르는 불감증에서부터 남자의 손길이 닿기만 해도 흥분을 억제하지 못해 몸을 비비 꼬는 여자에 이르기까지 여자 얼굴만 들여다보아도 꼭! 집어내는 도사였다.

그리고 늘 거기에 걸맞게 대응해 주었다.

겉보기에는 다 같은 여자라도 잠자리에 들어서면 각양각색이라 같은 느낌의 여자는 한 번도 없었다.
하이꼬는 5년을 굶주린 것도 있지만 감수성이 예민하여 남자가 살을 섞자 그 순간 흥분이 폭발이라도 하듯이 '헉'하고 흐느끼더니 허리를 뒤틀어 대며 색을 쓰기 시작하였다.

마치 엿가락이 사내의 몸에 찰싹 달라붙어 버리고 톱니가 물린 느낌이었다.
아무튼 대단한 계집이었다.
더구나 오랜 굶주림에 성을 알대로 다 알 수 있는 나이라 남자에 미치지 않을 수 없었다.
욕정이 넘치고 기교가 능란하며 입에 거품을 물고 괴상한 신음을 내며 미칠 듯이 몸부림치는 모습은 광적이기까지하였다.

남자가 틈을 주지 않고 더욱 거센 파도를 헤쳐 나가듯 배를 저으며 몰아치자 여인은 마침내 호흡이 끊어질 듯이 짐승 우는 소리를 토해내더니 전신에 경련을 일으키는 것이었다.
정복감에 사내는 피식 웃으면서 자신만만하게 "어때"

하면서 으스대었다.

절정에서 눈이 꽉 감긴 여인은 잠시 숨을 고르더니 살며시 눈을 뜨면서 "당신은 짐승이야."라고 말했다.
여인은 만족한 애교를 부리며 사내의 가슴에 앙증맞은 두 주먹으로 두드려댔다. 귀여운 아양이었다.
사내는 목이 말라 일어서려고 하니 여인은 사내에 허리를 움켜 안고는 말했다.
"안돼! 한 번만 더"

사내는 놀래며 "또. 그러니까 남편을 잡아먹었지" 하며 말하니 그 말에는 대꾸가 없이 "당신은 사람이 아니에요"라고 말한다.

"나를 미치게 만든 나쁜 사람" 하면서 뾰로통해진다.
야수의 포효 소리도 폭풍우의 광풍도 모두가 다 지나간 뒤에는 둘이 다 얼빠진 사람처럼 한동안 침묵에 잠겨 있는 듯하더니 두 남녀는 부둥켜안고 깊은 잠에 곯아떨어져 먼동이 트자 도쿄로 되돌아갈 채비를 하였다.

아침은 고속도로 휴게소에서 때우고 택시 속에서 그녀는 사내의 어깨에 머리를 기대며 말하였다.
"당신과 하룻밤 사이에 여자의 애환이 어떤 것인가를

처음 깨달았어요. 당신한테만은 영원히 귀여운 소녀로 보이고 싶어요. 당신을 알게 된 덕택에 나는 오랫동안 잊어버리고 있었던 귀중한 나 자신을 되찾게 되었어요. 지금까지 이런 맛을 못 느끼며 지내온 세월이 손해본 것 같아 너무 아까워요. 하며 말했다."

여인은 머뭇거리더니
"당신한테 물어보고 싶은 게 있는데 말해도 돼요?"
택시기사를 의식한 듯 입을 남자의 귀에다 대고 소곤거리며
"당신을 거쳐 간 여자가 몇 명이나 되어요?" 하고 말한다.
"하하하~ 별걸 다 질투하네."
"질투는 애정의 반증이라 하잖아요."
"그러면 몇 명 정도라고 생각되는데"
"글쎄요~ 100명도 훨씬 넘을 것 같아요"
"그래 따져보고 세어 본 적은 없어도 카사노바가 150명을 거쳐 간 여자보다는 좀 더 많을 거야."
"어머 카사노바보다도 더 많다고요? 아이~ 미워. 그러면 가장 기억에 남는 여자들은 어떤 여자들이에요"
"나에 대해서 왜 그리 알려고 하는데~"
"당신 일이라면 뭐든지 알고 싶어요."
그녀의 말에서 뜨거운 애정이 엿보였다.

마지못해 3명 정도가 기억에 남아 하니까 어떤 여자들이냐고 또 물어본다.

"아오자이 흰옷이 잘 어울리는 베트남 여자하고, 한국에는 몇 명 안되는 옹녀 같은 꽃사슴하고..."
"그리고요. 또 한 명은요?" 하며 재촉한다.
"피부가 새까만 깜둥이 여자는 흑마와 같았지"
"어머~ 그런 여자들하고도 해 보았어요? 아마 그 여자들도 당신이 오래오래 기억에 남을 거예요."
"그럴까?"
"여자로서 가장 소중한 것을 찾아준 남자를 어찌 잊을 수가 있겠어요.
여자는 한방만 쏘여도 그 남자를 평생 못 잊는 법인데 찐하고 미치게 만들어 놓았는데
그걸 잊는 여자는 결함이 있는 여자일 거예요."

어느 사이에 택시는 도쿄 한복판에 도착하였다.
두 사람은 일상의 일터로 돌아가면서 인연이 있으면 또다시 만날 수 있을 것이라며 그리움을 남긴 채 작별하고 있었다.
하이꼬는 지난밤의 일이 꿈만 같았고 주상은 애교 만점인 일본 여자를 정복했다는 도취감에 젖으면서 헤어졌다.

남자는 첫 여자이기를 원하지만, 여자는 마지막 남자이기를 바라는 심리 때문에 하룻밤 사이였지만 가까워질 수 있었다.

한 번뿐인 인생에서 가장 즐거움을 느끼는 순간으로 남녀의 사랑이 87%를 차지한다.
그래서 성이 개방된 일본은 인생을 두 배로 살기 위해 성관계를 즐기며 만끽한다.

하지만 한국은 조선시대의 유교 사상의 영향으로 모르는 사내에게 손목만 잡혀도 그 남자의 귀신이 되어야 한다는 고정 관념이 아직도 남아 있다.
외간 남자와 정을 통하는 것은 목을 매어 목숨을 끊는 것과 같았고 그러면서 여자는 늘 희생적인 삶을 살아야만 했다.

현대에 와서 정부는 2015년 두 남녀의 사랑을 간섭하지 않는다는 의미로 간통죄를 폐지하였다.
이후 30~50대의 물 만난 여성들의 대반란의 바람이 불고 있다.

일본 하이꼬 여인

2. 알아야 잘 할 수 있다

 섹스가 없는 행복이란 있을 수 없다.
섹스로 인한 기쁨이나 만족감은 행복 중에 으뜸이다.
그런 행복을 여자들은 적극적인 입장을 꺼린다.
밝히는 여자로 알려질까 봐 오랜 관습 때문에 숨기기에만 급급하다.

남편하고 잠자리에서도 억지 춘향으로 끌려가는 것만이 미덕으로 알고 있으며 의무적으로만 대주고 만다.
이러니 남자들은 성급히 서두르며 애무 없이 삽입하면서 자기 욕심만 채우고 5초면 땡 하는 토끼가 되어 자살하고 만다.

우선 여자를 먼저 알아야 한다.
마음을 사서 문이 열리면 공주처럼 받들어 주며 아늑한 분위기를 만들어야 핑크빛 무드 속에 저절로 몸을 열게 될 것이다.
사랑스럽고 미세한 속삭임 속에서 정성스럽게 애정 어

린 애무가 있어야 한다.
애무는 과격하게 하면 흥분은커녕 오히려 불쾌감만 주어 고통스럽게 된다.

여성의 성감대가 예민한 곳은 접히는 안쪽과 구멍 속들이다. 겨드랑이나 무릎 뒤쪽이며 여성 생식기의 음핵 질 입구, 입술 속과 귀속을 간질이듯 살살 어루만지고 핥아 주어야 한다.

물론 몸을 쓰다듬고 머리를 쓰다듬으며 손가락이나 발가락을 입속에 넣는 것도 한껏 흥분을 고조시켜 주기도 한다.
20여 분간 성감대를 애무하면 여성은 불덩어리같이 뜨거운 몸속에서 남성을 받아들이려고 애액이 흘러나오며 옥문이 넓게 열려 영접하게 된다.

손으로 여성의 음부를 만지며 애무할 때는 감염이 안 되게 비눗물로 깨끗이 손을 씻는 일도 필수다.
음핵은 여성의 장기 중에서 오로지 섹스 시에만 필요한 장기이므로 손이나 입으로 애무할 때 가장 예민한 곳이며 직접적인 터치보다는 간접적인 터치가 좋다.

그리고 여성의 음부에 넓이는 손바닥 안에 들어올 정도

로 작으므로 닫혀 있는 음부를 손바닥 안에 넣고 전체를 압박하듯이 하기도 한다.
여성의 치골 위에 불두덩은 두툼한 근육으로 뭉쳐져 바윗덩이처럼 무거운 사내의 무게를 지탱해주는 완충 역할을 할 뿐 아니라 움직일 때 다른 부분으로 감흥을 전달하는 더 중요한 역할도 한다.

불두덩을 감싸듯 잡거나 주무르거나 흔드는 애무를 해주면 그것만으로도 오르가즘에 오르는 여성도 있다.
남자들은 음부에 불두덩 애무는 없고 무조건 삽입만 하고 성급하게 사정하기 때문에 상대편 여성 파트너는 불감증의 원인이 되기도 하며 문전만 더럽히려면 건드리지나 말지 라며 여성은 불만을 하게 된다.

여성의 성감대는 누구나 다 똑같이 않고 다르기 때문에 싫어하는 부위에 애무하면 거부하는 여성도 있으니 제각각인 여자의 마음은 요지경 속이다.
아내의 발가락을 손바닥에 올려놓고 바라보며 하는 애무도 있으며 남자의 엄지발가락을 성기 대용품으로 질속에 밀어 넣으며 애무하는 사람도 있으니 성에 관한 이야기는 백만 명이 모여 있으면 백만 명 모두가 다르다는 말이 나오는 이유이다.
섹스에는 정답이 없다.

상대방이 어떻게 느끼고 좋아하는지 알아차리는 것이 필요하다.

여성의 가슴을 애무할 때는 난폭하게 함부로 주무르면 안 된다.
유방은 매달려 있는 지방 덩어리이기 때문에 아픔의 고통을 받게 되면 성욕이 뚝 떨어지고 분위기가 싸늘해진다.
젖꼭지부터 손가락 사이에 끼고 가볍게 돌린 다음 부드럽게 누르며 입술 사이에 물고 가볍게 입술로 깨무는 정도로 자극하여야 한다.

매달려 있는 유방은 위에서부터 아래로 하는 것이 아니다. 아래에서 위로 살살 쓰다듬어 주면 여성의 전신에 세포는 모두 다 일어서서 기립 박수를 쳐댈 것이다.
관리하는 여자는 오디만 하게 크고, 소음순 색처럼 까만 젖꼭지를 표백제로 색소를 얇게 다듬는 것이 겨드랑이털을 제모하고 뒷물을 한 것처럼 개운한 법이다.

그렇게 자신의 몸에 신경 쓰며 관리하는 여자는 점심식사 후에도 **빠짐없이** 꼭꼭 양치질하고 부지런하여 잠자리에서의 서비스도 남다른 여자이다.

생리학적으로 여성의 성감대는 촉각, 청각, 미각, 후각, 시각 오감의 자율신경이 지나는 곳이며 그런 곳은 허벅지 안쪽 복부 목덜미같이 살결이 보드라운 곳이다.

이런 곳에 애무를 잘하는 기술자에게 걸리면 가장 행복한 시간이므로 빨리빨리를 연발하는 소리와 괴성을 안 지르고는 못 배겨난다.
일본에서는 아버지가 딸에게 섹스를 가르친다.
우리는 외간 남자와 말만 나누어도 큰일 나는데 日本의 성문화를 들으면 벼락 맞아 죽을 것이다.

비디오나 잡지만 보아도 일본에서는 아버지와 딸이 성관계를 갖는 것이 충격적인 일이 아니다.
시집갈 딸과 아버지가 목욕을 같이 혼욕을 하는 것은 보통이고 식사 때도 아버지가 딸에게 성에 관한 이야기를 스스럼 없이한다.

일본인들은 자기 가족들과 성관계 하는 것을 예사로 생각한다. 심지어는 아버지가 딸에게 잘하도록 성지식을 알려주고 있다.
딸의 몸을 더듬으면서 성행위까지 한다.
성행위 자체만 하는 것이 아니라 딸에게 느낌까지 물어보면서 더욱 자극적인 체위를 시도한다.

일본은 성의 혁명이라 할 수 있다.

몸을 파는 아가씨들은 저녁 해질 무렵이면 스포츠 가방을 들고 찾아오는 놈이 제일 무섭다고 한다.
가방 속에 온갖 성 기구를 잔뜩 가지고 와서 길이 30cm에 50cm 굵기의 어마어마하게 큰 남자 모조 음경을 가지고 대든다.

여자의 질 속에 찌르면 몸 파는 여자는 입에 거품을 물고 안 쓰러질 여자가 없을 정도지만 통증과 쾌감이 동반된다고 한다.
사람은 자극을 받으면 받을수록 점점 더 큰 자극을 원하게 된다.
처음에는 소주나 담배 한 모금만 마시고 빨아도 취하거나 콜록거리고 야단법석이다.

그러나 거듭될수록 소주 한 병이 두 병으로 주량이 늘어가고 담배는 하루에 한 갑, 두 갑으로 늘어나게 된다.
성행위도 하면 할수록 더 자극적이어야 쾌감을 얻게 되는 것이다.
그래서 마누라를 바꿔서 하는 스와핑이 생겨나고 극에 달하면 때리고 학대를 받아야 만이 쾌감을 얻어지게 되듯이 약도 복용 횟수가 늘어가면서 함량이 늘어나는 이

치와도 같은 것이다

그래서 나이든 여자일수록 거칠고 강하게 접촉해 줘야 하는 것이다. 반면 어린 여자에게는 섬세하고 약하게 다루어야 한다.
그래서 여자 나이
20대는 봄에 솟아나는 새싹 다루듯 하고
30대는 햇과일 옮기듯 다루고
40대는 떡방아 찧듯이 찍어야 하고
50대는 과격하고 모질게 다루어야 한다.

세계의 성문화가 모두가 다르듯이 중국인들은 방 하나에서 온 가족이 생활하기 때문에 엄마가 성행위 시 괴성에 신음소리는 아이들을 의식해서 거의 소리를 내지 않는다. 우리의 옛날 어머니들과도 같다.

그러나 중국의 어린 자식들은 아빠와 엄마가 섹스하는 것을 빤히 쳐다보면서 그대로 배운다.
어린 시절에는 보고들은 대로 배우게 되어 그대로 행한다.
그래서 딸들은 모텔에서 연애 시에도 어머니처럼 아무 소리를 내지 않고 참으면서 섹스를 한다.

남자에게 자극을 받아 실신 상태가 되고 까무라쳐도 처자들은 이를 악물고 소리를 내지 않고 참아낸다.
억억하면서 애액을 줄줄 싸면서도 그 쾌감의 비명을 온 몸에 땀을 뻘뻘 흘리면서 속으로 울음을 삼키고 만다.
이 세상에는 공짜가 없다.

대가를 받은 만큼 상대에게 베푸는 것이 성관계에서처럼 경우가 바른 것도 드물다.
사람의 심리는 받은 만큼 되돌려 주게 되어있다.
정신적 심리적 육체를 지나 물질적인 것도 200만 원을 받고 20만 원으로 열 배를 부족하게 대해 주었다면 피해를 보았기에 서운한 감정은 마음속에서 늘 떠나지를 않는 것이 사람의 심리이다.

남에게 눈탱이 친 것도 아랑곳없이 자신만이 약았다고 생각하는 것은 미움만 키우는 어리석은 짓이다.
도리어 큰 것까지 잃는 소탐대실로 불이익을 받게 된다.
복 받는 것도 자신 스스로 만들어 가는 것이다.
생각이 짧아 그릇이 작으면 복도 달아나게 되어있다.

세상 사람이 다 아는 이치를 자신만이 헛똑똑이처럼 모르고 있다. 그런 여자는 생각이 짧아 절대로 잘 살 수도 없고 늘 어렵게 살게 된다.
조선족 중국 여자들이 40대 농촌 총각을 울리는 경우와도 똑같은 것이다.

국제결혼의 속셈은 따로 있어 위장 결혼으로 영주권을 얻기 위해서다.
돈만 생기면 중국 친정으로 송금 보내다가 주민등록증만 나오면 1~2년 후에는 70% 이상이 가출하여 도망가고 만다. 위장 결혼으로 결혼사기를 쳐서 사회 문제가 되고 있다. "성"하나 때문에 웃고 우는 인생사는 인류가 존재하는 한 영원히 끊이지 않을 것이며 성도 잘 아는 사람이 잘 하는 것이다.

여자가 하고 싶고 만족해하는 행동은 다음과 같다.
여자의 징후를 살펴보면
① 얼굴이 붉게 달아오르면 화합하고 싶어하며
② 젖가슴이 단단해지면 서서히 삽입해오길 바라며
③ 몸이 타듯 침을 삼키면 성기를 움직여 주었으면 하고
④ 애액이 매끄러우면 깊숙이 찔러 넣기를 원하며
⑤ 애액이 넘쳐 사타구니로 흐르면 성기를 **빼주기**를 바란다.

여자의 욕망은 어떤 것인가!
① 남자에게 안기고 싶으면 숨이 가빠지고 얼굴이 달아 오른다.
② 남자에게 한방 쏘이고 싶으면 입과 코가 벌어진다.
③ 정욕이 생기면 전신이 떨리고 남자를 포옹한다.
④ 만족하기 시작하면 땀이 흘러내리며 눈을 스르르 감는다.
⑤ 절정에 오르면 몸을 쭉 뻗고 자기도 모르게 괴성을 지르며 몸을 부르르 떤다.

여자가 교접 시에 하는 행동 열 단계
① 양손으로 껴안는 것은 서로의 성기를 밀착시키고 싶기 때문이다.
② 두 다리를 곧게 뻗는 것은 음부를 남자의 치골에 마찰하고 싶기 때문이다.
③ 배를 내밀며 힘을 주면 오르가즘에 도달하고 싶어 애쓰는 것이다.
④ 엉덩이를 흔드는 것은 쾌감을 느끼고 있기 때문이다
⑤ 두 다리로 남자의 허리를 감는 것은 깊이 받아 넣고 싶기 때문이다.
⑥ 두 다리를 교차시키는 것은 질 안이 몹시 근질거려 빨리하고 싶어서이다.
⑦ 옆으로 몸을 흔드는 것은 좌우로 자극을 받고 싶기

때문이다.
⑧ 몸을 일으켜 세우며 남자에 안기는 것은 절정을 만끽했기 때문이다.
⑨ 몸을 곧바로 쭉 뻗는 것은 온 전신 구석구석까지 쾌감을 느꼈기 때문이다.
⑩ 애액이 줄줄 흘러 매끄러우면 이미 동시에 사정이 끝났기 때문이다.

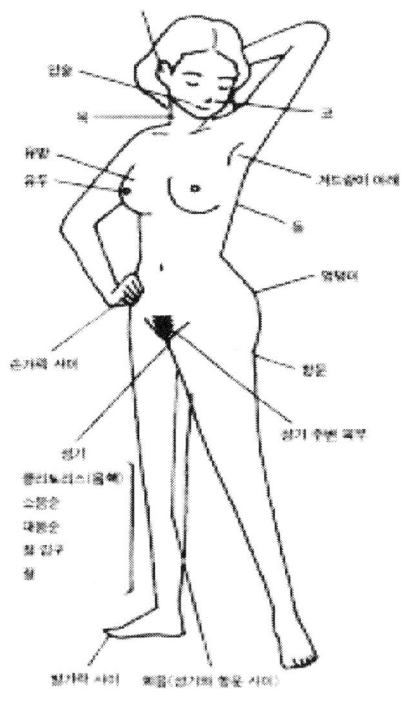

여성의 성감대

3. 소개팅 처녀 이설희

 윤석자는 그 특유의 염생이 웃음으로 헤헤거리며 말했다.
"나는 안돼요. 골프 치러 다니는 남자 친구가 있어요. 그 대신 작가님 취향에 딱 맞는 여자를 소개해 드릴게요."
그 소리에 귀가 번쩍하여 호기심이 발동하였다.
"어떤 여자인데요?"
"처녀예요."

뭐 처녀라고 말만 들어도 꿈만 같았다.
"네 처녀예요. 날씬하고 예쁘고요."
그 소리에 자신의 귀를 의심하였다. 혹시 농담하는 것은 아닌가!

말만 들어도 총각 시절로 돌아간 기분이었으며 궁금증은 더해 갔다.

"나이는 몇이고 무엇 하는 여자인데요?"

"네 노처녀로 36살이고요. 20대에는 이벤트 도우미 출신인데 친동생 같은 애예요. 마음씨가 착해요.
작가님이 만나보시면 마음에 드실 거예요."

"네~ 고맙습니다. 윤여사께는 무엇으로 보답을 해드려야 좋을까요?"

"아니에요. 술 한 잔 사주시면 돼요." 하면서 또 그 특유의 웃음소리로 헤헤한다.

윤석자는 TM상담으로 매출도 많이 올리고 마음씨도 착하며 무엇보다 세련되어서 오래 다녔으면 했는데 친정에서 자금을 지원해준다고 하여 커피숍을 오픈하려고 퇴직하는 날이었다.

처녀는 - 처음 해보는 게 처녀라는데

아줌마는 - 아주 많이 한 여자이고

할머니는 - 할 만큼 한 여자이고

꽃사슴이 숫처녀의 순결을 내동댕이치듯 제공하였듯이 그런 처녀일까!

꿈도 야무지게 상상은 자유였다. 무슨 복에 로또가 두 번씩이나 당첨되는 행운을 얻을까 처녀면 어떻고 호적만 처녀이면 어떠랴 백년해로할 것도 아니고. 몸뚱이는 아줌마면 어떻겠는가. 남자 밑에 깔리는 건 다 마찬가지고 이 나이에 찬밥 더운밥 가릴 처지가 아니었다.

윤석자는 주상의 인격을 높이 사고 있었던 터라 눈높이에 맞추어서 소개팅을 해주려고 하는 것 같았다.

처녀라는 말에 꽃사슴과의 첫날밤이 새삼 떠올랐다.

그녀는 두 주먹을 말아 쥐고 어금니를 깨물며 생살 찢기는 통증을 참아내느라 고개를 외로 틀고 두 눈을 꼭 감았다. 뇌성 번개가 치는 광풍이 지나간 뒤에서야 하얀 시트에 꽃물을 빨갛게 물들면서 그녀가 했던 한마디는 지금까지도 생생하였다.

왜 그리도 오래 하세요, 너무도 오래 하니까 물이 많이 나와 내 것인지 남의 것인지를 모르겠어요, 통증을 느끼면서도 싫지는 않았다고 하면서도 첫 경험의 시간이 지루했던 모양이었다.

꽃이라고 다 같은 꽃이 아니듯 처녀라고 다 같은 처녀가 아닐 것이다.

길들어지지 않은 것보다는 잘 길들어진 여자가 차라리 나은 법이다.

그래야 남자 맛을 제대로 알기 때문이다.

마침내 다음날 약속시간에 보내겠다는 윤석자의 말에 궁금증으로 안달 나던 터에 이소라가 약속장소에 나타났다.

첫선을 보는 자리인데도 그녀는 오래전에 사귄 사내를 만난 것처럼 고개를 꼿꼿이 세우고 여자 특유의 내숭이나 가식이 전혀 없었다.

보통내기가 아니었다.

긴 노랑머리에 얼굴은 갸름하며 싱글싱글 웃으면서 맥주잔도 따라 주는 대로 사양 없이 넙죽넙죽 마셔 댔다.

처녀이고 인물보다는 36세의 미혼녀라는 점이 마음에 들었다.

주상은 그녀에게 젊은 총각들도 많은데 어찌 나이 든사람을 택하느냐고 하니 그녀는 석자 언니에게 익히 사장님에 대하여 말씀을 많이 들었어요. 한다.

젊은 남자들은 매너가 꽝이에요. 욕심을 채우기 위하여 몸만 빼앗으려 하고 라면이나 먹고 싸구려 여관방이나 가려고 하니 싫어요. 삶의 질을 높이기 위하여서는 나이가 많아도 사업하는 능력 있는 남자가 더 좋아요.

노골적인 여자의 대답에 무색할 정도였다.
"사업하는 남자들은 적당히 인생을 즐기려고 하는 심리가 있는데, 여자들은 어떤가요?"
전사장은 맥주잔을 비우면서 슬며시 떠보았다.
그녀도 술잔을 비우면서 대답했다.
"젊은 남자들은 능력도 없으면서 한 번만 몸을 섞으면 그 이후에는 마치 자기 물건처럼 취급하면서 늘어 붙어 안 떨어지려고 해요."

세상 물정을 잘 아는 반면에 세상 물정을 모르는 여자는 제아무리 잘 생기고 능력이 있는 남자가 다가와도 팔자 고칠 기회도 마다하는 여자가 있다.

"나이가 지긋한 사업가들은 절대로 그런 일은 없어요. 싫으면 쿨하게 헤어지니 능력 있는 남자라면 도리어 여자 쪽에서 엔조이하며 아기도 낳고 숨겨놓은 여자로 살고 싶어도해요."

팔자를 고치겠다는 의도였다.

부끄럽게 여겨야 할 말을 태연히 지껄이는 걸 보면 과거의 남자 경험이 매우 풍부한 것 같다.

말은 그 사람의 모든 것이 묻어난다고 하더니 신선함이 없이 때가 잔뜩 묻은 여자라는 것을 짐작케 해주었다.

비밀리에 인생을 엔조이하기가 쉬운 일은 아니지만, 그녀는 어찌 보면 천진난만한 것 같기도 하고 천하에 요부 같기도 하였다.

주상(왕사장)은 오른팔 같은 심복이 필요하였다.

① 동남아 5개국 홈쇼핑시장을 개척하려면 인생을 즐기는 것도 그렇고
② 외국 출장 시 회사를 맡기는 것도 그렇고
③ 인생을 즐기며 사업에 도움이 되는 여자가 필요 하였다.

소라가 꼭 그런 여자 같았다

책임자로 두어 임도 보고, 뽕도 따고, 도랑치고, 가재 잡고...

살을 섞지 않은 여자에게는 아무리 잘해주어도 그때뿐이다. 며칠만 지나면 까맣게 잊고 언제 그랬느냐는 듯이 도로 마찬가지다.

사랑을 느끼며 하는 사업은 열정이 불타 사업도 대박으로 이어진다.

그러나 제대로 된 여자가 한 몸이 되면 그 여자는 충견과도 같이 성실하였다.

사내는 그녀와의 대화에서 너무 노골적인 말에 쉬운 여자로 보여 얕잡아 보고 있었다.

여인의 몸을 끌어당겨 허리를 힘차게 품어 안았다.

이미 각오하고 놀라는 기색이 없었다.

남자의 품에서 벗어나려고 사지를 버둥거리지도 않았다.

둘은 뜨거운 키스를 하였다.

마주 닿은 입술과 입술 사이로 뜨거운 액체가 서로 엉키었다.

"안돼요. 여기가 어딘데요. 카페에요."

그녀의 옷과 머리는 헝클어지고 얼굴에는 욕정이 가득

했다. 사나이의 욕정도 넘쳐나고 있었다.
"자리를 옮기자고요."
여인은 사내를 따라 일어서면서 옷 매무새를 고쳤다.
능한 주상은 조용한 장소로 발걸음을 옮겼다.

여자는 애정 문제에 있어서 모든 책임을 남자에게만 돌리고,
자기가 좋아서 먼저 몸을 제공하고도 그 후에 오는 책임은 남자에게만 돌리며,
서로가 좋아서 깊은 관계를 맺었다가도 헤어지게 되면 그 책임은 악착같이 남자에게만 추궁하는 습성이 있다.
심지어 화류계 여자까지도 마찬가지였다.
해코지하며 보복하는 질투를 보지 않았던가!

질투는 애정의 반증이지만 질투는 여자의 본능적인 감정이다.
애정이 있는 곳에는 질투가 따르기 마련이다.
여자들은 애정이 없으면서도 질투심을 느끼는 경우도 있다.

자기가 좋아하는 남자를 다른 여성에게 빼앗겼을 경우에 무조건 질투를 하게 된다.

여자를 안 보아도 질투하고 여자를 보고 넌지시 수작을 건네면 또 집적댄다고 질투하니 어디서 어디까지인지? 그래서 여자는 요물이라고 했나 보다.

한번 질투가 불타기 시작하면 이성의 힘으로는 억제할 수 없는 것이 여자의 질투다.

나중에 후회할망정 일은 저지르고 본다.

당시에는 물불을 가리지 않는 것이 질투의 감정이다.

그런 여자에게도 자존심은 있어서 사랑때문에 그렇게 질투가 심하냐고 하면 펄쩍 뛰면서 속마음을 숨기고 딴소리로 변명을 한다.

아니에요. 그 남자하고 나는 아무런 관계도 없는 사이에요. 하면서 시치미를 뚝 떼는 것이 여자의 심리다.

그리고도 자기가 좋아하는 남자의 성기를 잠자는 틈을 이용하여 면도칼이나 가위로 싹둑 잘라 버린 여자가 종종 신문에서 보아오지를 않았던가.

이쯤 되면 질투가 아니라 만행이다.

그랬을 때는 재빨리 잘린 성기를 얼음주머니에 채워 봉합 수술을 받아 연결하여야 한다.

늦거나 잘린 성기를 잃어버리면 영원히 고자로 살아야 한다.

끔찍한 여자의 질투라 할 수 있다.

여자들은 잘못이나 실수를 인정하지 않으려 하듯 꽃사슴도 자신에 입바른 실수를 지금까지도 인정하려 들지 않는다.

꽃사슴의 마음이 어디에서 어디까지인지 오리무중이다.

소라는 얼굴도 몸도 젊었다. 거기에다 여자에게 가장 무르익은 정상의 나이가 아니던가. 그동안에 여러 사내를 거치면서 더 한층 농익은 몸이 되었을 것이다.

호텔 룸에 들어선 그녀는 자신을 사내에게 밀착시킨 채 말한다.

"가슴이 벅차요"

"어째서?"

"당신과 나와의 찬란한 역사가 이루어지는 것만 같아서요."

사내는 말 없이 소라의 풍만한 가슴을 애무하였다.

그러자 그녀는 사내의 급소를 두 손으로 움켜잡았다.

두 남녀가 한 덩어리가 되어 엉클어져 육체를 애무하며 황홀한 쾌감에 잠겨 있었다.

그러면서도 주상은 마누라에게만은 미안하였다.

가정을 가진 사람이 청춘사업을 하자면 고충이 많았고,

주상은 여자관계에 많은 경험을 가지고 있었다.

부부란 청춘 시절에는 애인 같고 장년기엔 동업자 같고 노년기엔 친구 같은 것이다.

만천하에 남자들은 마누라 하나 가지고 만은 만족하지 못하였다.

소라는 고양이 쓰다듬듯이 쓰다듬으며 칭찬을 하니 미혼여성인 처녀가 수동적이지 않고 능동적으로 먼저 덤벼드는 것은 처음이었다.

가정부인이나 직업여성이나 경험이 많은 여자라도 수동적으로 있다가 남자의 리드에 의하여 따르는 것이 여자들의 생리이고 여자다운 아름다움이다.

그런데 소라는 사장이 미처 손을 쓸 사이가 없이 먼저

목을 껴안고 입술을 뜨겁게 빨아대는 것이었다.

남자를 완전히 매혹시켜 자기 마음에 들게 하려는 노력이었으며 오버였다.

첫날밤부터 여자 쪽에서 적극적인 것이 남자로서는 결코 유쾌할 리가 없었다. 한마디로 쉬운 여자였다.

남자가 외도하는 희열은 새로운 여자를 정복하는 승리감에 쾌락을 느끼는 법인데 반대로 여자에게 굴복당하는 것 같아서야 재미가 덜 한 것이다.

마음에 드는 여자일수록 몸을 안 주려고 요리 빼고 저리 빼고 몸값이 비싸게 주가를 올려야 만이 남자는 애가 닳아 정복하기 위해서는 온갖 정성을 다하며 공을 들이는 법이다.

그렇다고 주가를 너무 높이 올리려고 시간을 길게 끌다가는 기회는 날아갈 수가 있다.

적당한 시기에 떠밀면 못 이기는 척하고 넘어지는 게 여자다운 묘미가 있는 것이다.

소라는 임자가 없는 몸이니 불감증이 아닌 남자 맛을 잘 알고 한동안 굶주려 있는 듯하였다.

불감증인 여자였다면 어림없는 일이다. 불감증인 여자는 제아무리 예뻐도 벌과 나비가 찾지 않는 쓸모없는 꽃이나 마찬가지다.

주상은 바람도 누구 못지않게 피워 보았고 사업도 잘 되고 있으니 인생을 즐기는 쪽으로 기울었다.

생로병사와 불로장생에는 보약이나 운동보다는 젊은 여자와 즐기면 기분과 마음이 젊어지니 엔조이하는 것이 최고의 명약으로 꼽고 있다.

앞으로 즐기며 같이 하려면 첫째는 불감증이 아닌 여자이어야 하므로 간을 보려 하였으나 소라는 간을 보나 마나 명기에 가깝다는 것이 얼굴에 쓰여 있고 행위로 보아 서비스 만점에 즐거울 것 같았다.

소라는 대리석같이 하얀 나신의 몸에 타올로 아래만 살짝 가리고 수줍은 미소를 지으며 욕실에서 나왔다.

사내는 시선으로 느끼며 욕정이 솟구쳐 오르는 감정을 느끼며 그녀를 영접하였다.

그야말로 남자들을 뇌살 시킬만한 뛰어난 육체였다.

백옥같이 하야면서 젖 냄새가 풍길듯한 풍만한 유방이었다. 가슴속에서 힘차게 솟아오른 두 개의 젖무덤, 홀쭉하게 쏙 들어간 뱃가죽, 허리는 개미허리처럼 잘록한데다가 유감없이 발달 된 탐스러운 둔부, 흠잡을 데 없이 골고루 잘 발달 된 육체였다.

건강하지 못한 여자의 입에서는 역한 입 냄새가 나는데 그녀의 몸에서는 여자 향이 진하도록 솔솔 불어오는 것 같았다.
20대의 여체는 덜 익은 과일처럼 시고 떫고 쓰고 미숙한데
30대의 여체는 무르익어 풍만하게 꿀물이 줄줄 흘러 좋았다.
40대의 여체는 일편단심 사내가 맛을 만끽하도록 봉사하는 게 좋았다.

"야~아 소라의 몸은 천하일품이네. 양귀비가 왔다가는 귀싸대기 맞고 돌아가겠는걸"
"아이~ 부끄러워요. 놀리지 마세요."
음흉스러운 사내는 그녀에게 한껏 칭찬을 아끼지 않았

다.

첫날인데도 균형 잡힌 몸매가 자신 있는 듯이 남자의 눈에 공개해 주고 있었다.

몸매뿐 아니라 속살 궁합에도 자신을 가지고 있거나 음탕한 소질이 타고난 증거인지 모른다.

여자가 욕정에 미치면 체면도 염치도 없는 모양이었다.

사내는 그녀의 풍만한 알몸을 억세게 끌어당겼다.

품에 안은 여인은 몸이 고무풍선처럼 탄력이 풍부하였다.

손을 내려 급소를 더듬어 보니 계절은 봄이 아니건만 음수가 넘쳐흐르고 있었다.

사내는 흥분하여 여자의 몸을 용의주도하게 고루고루 애무하였다.

여름에 피는 꽃은 봄을 겪어 와야 하고, 가을에 피는 꽃은 봄과 여름을 지나와야 하듯이 자연의 섭리를 무시하고 목적 달성에만 급급하게 굴면 반드시 실패한다.

여자관계도 정사를 서두르면 실패하게 되어있다.

그녀가 최고조로 흥분되게 하는 것이 주상의 비결이었

다.

시간을 끌면서 여인을 뇌쇄시키는 전희는 그녀의 몸이 정열 덩어리로 달아오르며 호흡이 거칠어지면서 은어 같은 몸이 구렁이처럼 남자의 몸에 감겨 꼬이게 하였다.

이제는 체면이나 수치심도 있을 수가 없다.
69자세로 사내는 그녀의 조갑지를 속살 깊이 간지럽게 혀로 핥고 여인은 사또를 양손에 잡고 하모니카를 불며 옥수수를 떼어먹듯이 애무를 한다.

더 이상 참지 못하는 그녀는 팔을 벌려 사내를 힘차게 끌어당기며 마지막 행위를 강력히 요구해 온다.
사내는 그래도 뜸을 들이며 느긋하게 굴자 그녀가 말한다.
"당신은 악마 같은 남자야"
소라는 몸을 비꼬면서 원망스럽게 울부짖었다.
사내는 그제야 여자의 몸을 접수하며 들어갔다.
그 순간 소라는 "악"하고 감격에 흐느낌이 울려 나왔다.
광란에 가까운 밤의 향연이 찬란하게 벌어지기 시작하

였다.

30대의 무르익은 생리적 욕망은 왕성하였다. 오르가즘의 극치에 다다르자 마침내 가족이 초상이라도 당한 듯이 그녀는 참지 못하고 흑흑 흐느껴 울기까지 하는 것이었다.

한국의 카사노바 주상은 일찍부터 여자관계가 많기는 했으나 이런 여자는 두 번째 보았다.

"계집들은 좋으면 좋았지 옆방 창피하게 울기는 왜 우는지 모르겠네" 하자

"죽을 것 같아요. 절로 느껴지는 걸 어떡해요. 모든 죄는 당신 때문이에요 당신이 울려 놓았잖아요."

"남자관계를 할 때마다 그런단 말이야?"

"전에는 야단스럽지가 않았는데 오늘은 유난스럽게도 그러네요. 나에게 너무 많은 것을 알게 해 주었어요. 저 밑바닥까지 모두다."

"악마 같은 사내 때문이에요."

남의 이야기 하듯 말하면서 사내를 껴안으며 부르르 떨었다.

"그럼 먼저 남자들은 안 그랬단 말이야.?"

"이렇게까지 맛있게 한 것은 처음이에요. 당신이 최고예요."

그 소리에 계집에게 칭찬받은 사내는 만족스러운 기분이었다.

"전에 남자친구하고는 왜! 헤어졌어?"
"나이는 동갑내기였는데 성질도 개떡같이 더러운 데다가 그 남자 때문에 신용불량도 되고 채무까지 져서 엉망이에요. 결과적으로 연약한 여자에게 피해만 끼치고 무능해서 앞으로 전망이 안 보여 헤어졌어요."
"역시 돈 때문이었군."

모든 사내가 돈으로 인한 이해관계 때문에 사건 사고가 제일 많이 이루어지고 있으니 이게 인생사가 아니던가.

주상은 소라에게는 격에 맞게 대가를 해줄 생각이었다. 그런데 넘치지도 않고 모자라지도 않게 주상 회사에 근무하면서 일주일에 한 번씩 만나며 은밀히 즐기고 있었으나 만남이 거듭될수록 주인 행세를 하며 근무는 태만하며 요구조건은 지나치게 많아졌다.

불과 한 달 만에 그동안 미루어 오던 뇌에 생긴 지병을 고치려고 병원에 입원하고 만 것이다.

모아놓은 돈은 한 푼 없이 월세도 못 내는 형편이라면서 무슨 속셈인지 모르겠다.

병원비만 같으면 모르겠는데 만난 지 한 달도 안 되어 주택마련까지 요구해 온다.

신문에 카드빚 5천만 원만 갚아주면 묻지도 따지지도 않고 결혼하겠다는 26세의 여대생 처녀, 4천만 원에 현대판 씨받이를 자청한 여인 등 20대에서 30대 중반까지 6명이나 임신 되었다는 뉴스보다도 더 심하였다.

그러나 주상은 엔조이로만 끝내고 한 달도 안 되어서 병원비와 주택자금을 선뜻 줄 수가 없었다.

처음에 밝힌 것처럼 목적은 사업장에 나와 일을 같이 하면서 주상이 외국 출장 시에 대역할 심복이 필요로 하면서 엔조이까지였다.

그러나 소라는 12시에 출근하면서 하는 처세가 팔자 고칠 여자가 못되었다.

염불에는 마음이 없고 잿밥에만 마음이 있는 것처럼 굴

었다. 옛말에 사람은 생긴 대로 논다는 말이 있고, 자기 팔자는 자기가 만들어 가는 것인데 벌써부터 안방마님 행세만 하려니 지혜가 모자란다.

깡마른 사람은 성질이 더럽고 넓적한 사람은 미련스럽다고 하듯이 생각이 짧은 사람은 단지 잠자리 하나로만 때워도 되는 거로 알고 있으며 봉을 잡았다는 어리석은 생각을 하는 것 같았다.

식사를 해도 메뉴판에서 제일 비싼 거로만 주문하는 것이라든가, 근무 태도가 불성실한 것이라든가 하나를 보면 열을 알 수 있다고 사업하는 주상 눈에 거슬리는 것뿐이고 눈살 찌푸려지는 행동뿐이었다. 이러다가는 사업체를 말아먹게 생기겠다는 판단에 능한 주상은 그녀에게 섭섭지 않게 대가를 해주고 이별을 선언하며 후환이 없게 헤어졌다.

황홀한 소라

4. 아오자이가 잘 어울리는 베트남 여인

 지난해 남자의 계절인 가을이 되자

역마살이 낀 주상은 일본에 이어 베트남에 진출하려고 시장 조사차 인천공항에서 베트남 하노이행 비행기에 탑승하였다.

3인석 좌석에는 주상이 마일리지가 많아 VIP 스카이패스 회원에게 배려한 좌석 배정으로 주상이 창가에 앉게 되었다. 가운데는 여자아기가 그리고 복도 쪽은 안경 낀 여고생처럼 앳된 베트남 아기 엄마가 자리하고 있었다.

어느덧 다문화 가정이 100만으로 늘어남으로써 중국, 베트남, 태국, 필리핀, 인도네시아의 동남아 여성들은 한국의 며느리로 많이 들어와 있다.

주상은 4시간의 비행에 지루함도 달랠 겸 옆자리에 앉

아 있는 아이 엄마에게 말을 걸었다.

"친정에 다니러 가시는가 보네요?"

그녀는 유창한 한국말 솜씨로 의아해하며 말했다.

"어머? 선생님께서 어떻게 아셨어요? 네~ 아기 엄마는 베트남 사람 같고 아기는 한국 아이 같으니까 누가 보아도 그렇게 보이겠네요. 네. 처음으로 친정에 가는 길이에요."

주상은 자리에서 일어서면서 "아기를 창가에 앉게 해요." 하며 배려해주니 그녀는 너무나 고마워하면서 감사하다고 연신 꾸벅거리며 인사를 하였다.

그렇지 않아도 4살배기 딸에게 창공에서 밖을 보여주고 싶었는데 차마 자리를 바꾸자고 마음만 있었지 입 밖으로 말을 못 꺼냈다고 한다.

자기 속마음을 다 읽은 것처럼 먼저 배려해주니 더없이 고마워했다.

여자는 이런 자그마한 일에도 감동하는 법이었다. 어린 아이는 비행기 유리창에 매달려 밖을 내다보는 것마다 신기해하면서 즐거워하였다.

엄마는 아이가 즐거워하는 모습에 만족하며 즐거운 여행이 되었다.

주상은 자연스럽게 대화를 이어 나갔다.
"그런데 아기 아빠하고 가시지 아기 아빠는 어디 갔어요?"
아이 엄마는 아무 말도 없이 뜸을 들이며 고마운 분에게 대답은 안 할 수 없고 "네" 하며 힘없이 대답하였다.

주상은 어린아이에게 아가 이름이 뭐니? 하고 물어보니 다영이에요, 김다영하고 아기 엄마가 대신 대답 해주었다.
"다영이 엄마 다영이 아빠는 바빠서 처가에 같이 못 가시는 것 같네요."
"아니에요. 다영이 아빠는 딸아이 얼굴도 몰라요. 결혼해서 일 년도 안 되어서 다영이를 임신하자 집을 나가서 4년째 집에 돌아오지 않아 이혼 절차를 밟아 이혼하고 친정으로 돌아가는 길이에요. 돌아온다 해도 살 수가 없어요. 성격 차이가 너무 심해요 욱하는 성질 다혈질로 너무나 무서워요. 사람을 죽일 것만 같아서 싫어요." 서글픈 표정으로 말하며 눈가가 촉촉이 젖어오고 있었다.

무지갯빛 꿈을 안고 이국 만리까지 결혼하러 왔다가 인생 실패로 가슴에 상처만 가득 안은 채 딸아이까지 혹을 달고 가난하게 사는 친정집에 빈손으로 돌아가는 자신의 처지가 마냥 비애에 젖어 있었다.

28세의 레비우엉 베트남의 나이 어린 아기 엄마는 결혼에 실패하고 친정에 짐이 될 딸을 데리고 어쩔 수 없이 들어가는 무거운 발걸음이 떨어지지 않았다.

베트남의 결혼문화는 여자가 어린 나이에 처녀성을 잃거나 나이 많은 남자에게 순결을 잃는 것은 흉이 되지 않아도 결혼에 실패하고 이혼하여 친정에 되돌아오는 것은 가문에 수치로 큰 흉이 되었다.

비운의 여인 레비우엉 이혼녀가 기내에서 서러움을 하소연하는 이야기를 들으니 네 시간의 비행시간이 지루하지 않게 지나갔다.

베트남보다는 60년대 참전으로 월남이라는 말이 더 친숙하였다.

일억 명 인구 베트남 수도 하노이의 노이바이 공항에 착륙하였다.

5년 만에 귀향하는 딸 레비우엉의 친정 부모들은 보이지 않았다.

주상은 의아하여 공항에 마중 나온 가족들이 보이지를 않네요 하니까

"네~ 연락을 드리지 않았어요. 잘살다 오는 것도 아니고 금의환향할 일도 아닌데요. 오히려 가문에 먹칠하고 돌아오는데 무슨 낯으로 연락하고 오겠어요." 낙심천만한 모습으로 말하였다.

어쩔 수 없이 풍비박산 난 가정을 정리하고 빈 몸뚱이로만 돌아오긴 왔지만 친정에 들어갈 용기가 나지 않는지 막막해 보였다.

일단은 공항 택시를 같이 타고 하노이 시내로 동행하면서 대책을 세우기로 하였다.

택시기사는 어디로 가느냐고 묻고 있는 것 같았으나 베트남 말을 한마디도 못 하는 주상에게 레비우엉이 통역해주었다.

"어디로 가시느냐고 묻는데 어떻게 할까요?"

주상은 베트남에 도착하면 어차피 여행사에 전화하여 시장조사 하는 며칠간 가이드를 고용하려고 하였었다.

그런데 우연히 한국말을 유창히 하는 베트남 여인을 만났으니 여행사 가이드에게 연락하지 않아도 되겠다는 생각이었다.

"우선 호텔까지 가서 생각해 봅시다."

가이드북에 나와 있는 하노이 중심지에 위치한 한국의 대우에서 운영하는 대우 호텔로 행선지를 알려주니 여인은 기사에게 베트남어로 전해 주었다.

오후 저녁 비행기에서 내려 시내까지 들어오는 시간으로 이미 밤은 깊어져 있었다.

주상은 레비우엉에게 방을 따로 얻어 주겠으니 며칠만 가이드 좀 해주실 수 있겠냐고 물으니 그녀는 활짝 웃으며 반기었다.

"사장님 그래도 되겠어요, 저는 아무래도 좋아요. 시간은 얼마든지 있으니까요."

주상은 日本에서와 같이 베트남에서 판을 벌이면 반드

시 이러한 사람이 필요하였는데 절묘하게도 자연스럽게 이루어지는 것 같았다.

어느덧 대우 호텔에 도착하여 한 가족이 여행 온 것처럼 현관문을 밀치고 들어섰다.
사회주의국가에서는 호텔에 투숙하려면 반드시 여권을 보관시켜야 만이 호텔에 투숙할 수가 있었다. 룸 두 개가 마침 빈방이 있었다.

그녀의 여권과 함께 프런트에 보관하고 엘리베이터를 타고 올라가 나란히 옆방에 각각 들어가 여장을 풀었다.
어린 딸 다영이는 이미 택시에서 잠이 들어 깨어나지를 않았다. 주상은 넉살이 좋은 건지 용기가 넘치는 것인지 여인에게 말했다.
"다영이를 뉘우고 오세요. 맥주 한 잔 하게요."
그녀는 기다렸다는 듯이 네~하고 얼른 대답하는 것이었다.
주상은 그 대답에 속으로 쾌재를 불렀다.

세상에 이런 일이다. 발길 닿는 곳마다 팔 뻗치는 곳마다 여자가 얻어지니 세상에 여자가 많기는 많구나 하며 여복만은 챔피언 감이었다.

그러니 사업도 덩달아 순조로운 것 같다.

그래서 서울의 카사노바라는 별명까지 네임벨이 붙어다니는 것이 아니겠는가.라는 생각이 들었다.

재운은 여자 운이라고 하지 않던가, 돈이 있어 여기저기 싸다니다 보니 이 여자 저 여자를 만나게 되는 것이다.

청춘사업도 남자의 나이에 따라 여자의 취향이 달라지는 것이다.

30대 젊은 시절에는 20대 처녀만 상대하며 그것도 일회용으로 끝내고

40대에는 30대 노처녀 독신녀만 건드리게 되고

50대에서는 찬밥 더운밥 가릴 것 없이 잡식성으로 생기는 대로 감지덕지한다.

그러나 되지 못한 여자가 비싸게 굴면 오기가 나서라도 그녀가 좋아서 구애하는 것처럼 끝까지 끈질기게 따라

붙게 되는 것이 남자의 자존심이다.

시간 낭비하며 공들여 쓰러뜨린 여인이 불감증일 때 헛삼켰다는 생각에 뒤통수 맞는 기분이다.

레비우엉 이혼녀는 반 시간 정도가 지나자 목욕까지 깨끗이 하고 오니 신혼 첫날밤 신방 차리는듯했다.

한국의 치마저고리 민속 복장 같은 베트남의 전통복장인 하얀 실크 아오자이 옷으로 갈아입은 모습으로 나타났다.

조금 전과는 전혀 다른 모습이었다. 실크 아오자이는 여자에 팔등신 곡선미를 잘 표현해내는 복장으로 선정적이었다. 상체가 꽉 낀 가슴은 그대로 봉긋 드러났고 허리는 개미허리처럼 잘록했으며 둔부는 펑퍼짐하게 퍼졌고 긴 다리 양옆으로 벌어진 틈으로 보일 듯 말 듯 한 속살은 사내들의 애간장을 녹이기에 충분했다.

술잔을 따르며 주상은 레비우엉에게 친정집이 어디쯤 되는지 물었다.

"하노이 시내에서 30분 정도 더 가면 농촌 마을이 나오는 시골이에요."

그러면서 농사일로 어렵게 살지만, 부모님 덕택에 여고까지 졸업했다고 말하였다.

"그런데 무엇 때문에 그리도 일찍 결혼하였어요. 지금 28살이니 5년 전이면 23세에 결혼하였네요."

"네. 베트남 풍속은 일찍들 결혼해요. 여고 시절에 첫 경험 하는 여학생들도 많고요. 저의 결혼 실패도 17세 때 첫 사랑한 남자친구를 한국에서 신붓감을 구하러 온 신랑에게 스스럼없이 옛 첫사랑 남자친구라고 소개하며 술을 같이 한 것이 불씨가 되었던 것 같아요.

베트남에서는 어린 나이에 성 경험을 하여도 동남아 여러 나라와 같이 나이 많은 남자와 사랑을 하여도 흉이 아니에요. 한국도 그런 줄 알고 나보다 15세 연상인 신랑에게 털어놓았더니 그때에는 아무렇지 않게 받아들이다가 43세까지 시집올 여자가 없이 장가도 못가고 있던 남편이 나와 결혼한 후에 술에 취하기만 하면 과거를 끄집어내면서 폭행을 하는 거예요.

무능해서 직업도 없이 술만 먹고 폭행을 일삼은 지 일년이 지나자 다영이가 임신한 걸 알고 날이 갈수록 멀어지더니 어느 날 가출을 하여 지금까지 소식이 없었어요, 아마 사고로 사망한 건 아닌지 생각이 돼요. 술을 지나치게 먹는다 싶어 언젠가는 크게 사고 날 것을 늘 염려했었거든요.

시부모님이나 형제들도 애타게 기다리며 가출신고까지 하였으나 끝내 연락이 없어 하는 수 없이 이혼하고 돌아오는 길이에요." 레비우엉은 목이 잠기며 눈물을 글썽거렸다. 여자는 남자 하나 잘못 만나면 여자의 모든 것이 다 망가지기 때문이었다.

"다영엄마 염려 말아요, 전화위복이 될 수도 있을 거예요. 며칠간 시장 조사를 해보고 사업성이 있으면 여기서 내일을 도와 일하면 좋겠어요."

그 말이 끝나자마자
"정말이에요?" 하면서 천진난만하게 날듯이 기뻐하였다.
"그러면 친정에 가지 않아도 되고 아이하고 여기에서 살았으면 참 좋겠네요. 그렇게 되게 해 주세요. 사장님"
주상은 여고까지 나오고 나이도 젊고 발음도 정확하게 한국말도 잘하니 충분히 상담직으로 할 수 있다고 칭찬해주자 하얀 이를 드러내며 만족하게 웃던 모습이 지금도 눈에 선하다.

"그러면 신랑 없는 4년 동안 어떻게 살았어요.?"
"인천 숭인동에서 시부모님 모시고 살면서 때로는 도화동 전자부품 조립공장에 다니기도 하고 그럭저럭 살았어요. 하지만 고향에 가서 베트남 남자와 재혼을 해보려고 귀국하는 길이었어요."
"왜? 한국국적까지 취득해서 한국 사람이 되었을 텐데 한국에서 재혼하지 그랬어요"
"아니에요 한국 사람들이 다문화 가정을 무시하고 멸시하는 것이 싫어서요. 사람대접받으며 떳떳하게 마음 편히 살고 싶어요."
그동안 마음고생에 상처가 심한 듯하였다.

베트남 여인은 주상이 인격적으로 따듯하게 대해 주니 오랜만에 마음의 평화를 얻는 것 같았다.
"주상은 나이 차가 많아도 괜찮겠어요?" 하고 그녀에게 슬며시 떠보았다.
"너무나 과분하신 분이에요. 사장님 같으신 분이 저 같은 것을…오히려 영광인걸요." 하며 흔쾌히 승낙하였다.

주상은 마지막 잔을 비우면서 전등불을 핑크빛 무드 등만 놔두고 모두 소등하였다.

사랑에는 국경도 없다고 하지 않았던가 서글서글하니 그녀의 성격이 좋았다.

그러면서 그녀를 살그머니 안으면서 의자에서 일으켜 세웠다. 그녀는 아무 저항 없이 사내가 이끄는 대로 순순히 응해주고 있었다.

지난번 일본에서의 하이꼬 보다도 키와 몸집이 훨씬 작았다. 이미 남자를 다 아는 그녀는 포옹만으로도 숨소리가 거칠어지며 쌔근거렸다.

사내의 가슴속에 아기처럼 앙증맞게 안겨져 있는 그녀는 오랜만에 행복감에 젖어 사내를 기다리고 있는 듯하였다.

주상은 그녀의 아오자이를 벗기려 하였으나 어디에서부터 허물을 벗겨내야 하는지 몰라 손을 더듬자 급한 그녀가 자발적으로 속옷까지 다 벗으며 앙증맞은 갈잎 만한 속 팬티 하나만을 걸친 채 검정태 안경을 벗어 화장대 위에 올려놓으며 목걸이와 귀걸이도 다 **빼서** 함께 올려놓는다.

그녀는 어린 나이에 17살부터 성 경험을 하였고 결혼하여 아기까지 낳은 몸인지라 이미 색을 잘 알고 있었다.

어제까지가 **빨간** 날이었었다며 주상에게 배란기가 아니니 안심하라는 메시지 같았다.

자신도 원치 않는 임신에서 벗어나니 한결 마음이 가벼웠나 보다.

여자는 남자와 달라서 섹스 한번 하는데도 요리 재보고 저리 재보며 따지는 법이 많은 법이다.

① 임신은 안 될까
② 성병은 안 걸릴까
③ 소문은 안 날까
④ 찰거머리 같이 붙지는 않을까
⑤ 연애 자금은 넉넉할까
⑥ 매너는 좋을까
⑦ 남자 구실은 진품명품일까

밖으로 들어내지는 않아도 속으로는 이미 전자 계산기를 두드려 보고 있는 것이 여자들이다.

휴대전화와 인터넷 발달로 전 세계를 1日 생활권으로 바뀐 교통 발달로 남녀의 섹스 횟수와 그 폭은 한없이 넓어졌다.

오늘 같은 경우에도 생각지 않았던 일이 벌어진 것이다. 주상은 사업과 정사를 결코 혼돈하지 않았다. 잘 구별하여 적시 적소에만 하였다.

오늘은 일부러 구하고 만들려고 하여도 어려운 일인데 아주 쉽게 저절로 이루어진 것은 주상이 늘 페르몬 향수를 뿌리고 다녀서인 것 같았다.

이성이 페르몬 향에 이끌려 저절로 꽃에 나비가 찾아 앉듯이 하는 게 아닌가 한다.

레비우엉 여인은 베트남 여자 중에서도 한국여자에 가까웠다.

까무잡잡한 피부도 아니고 얼굴 모양도 베트남 특유의 얼굴이 아닌 모습에 한국말을 정확하게 하니 헷갈릴 정도였다.

잠자리에 맛도 한국여자와 조금도 다를 바가 없었다.

주상은 조그맣고 그 어린 것을 침대 위에 누이고 엎어

져 덮치니 바위 같은 무게를 지탱하며 그녀는 눈을 지그시 감았다. 사내의 등을 두 팔로 감아 안으면서 숨소리가 더 한층 거칠어졌다.

이미 양다리는 남자를 편안히 영접하기 위한 자세로 넓게 벌어져 있는 모습이 여중생 정도의 작은 모습이었지만 그동안 쌓이고 쌓인 욕정을 한꺼번에 풀 생각이었다.

정사에 돌입하자 그녀는 이미 불덩어리가 된 몸뚱이가 뜨끈뜨끈하였다.

피부의 탄력은 20대답게 통통 튀듯이 탱탱하였다.

그런 것으로 보아 목석이나 불감증 여인은 아니었다.

불감증인 여자 같았으면 적극적으로 매달리지 않을 것인데 어린 것이 체면도 부끄럼도 없이 자기 나름대로 온갖 기술을 다 써가면서 커다란 사내를 맘대로 구사하는 그녀였다.

그녀는 일찍이 성에 눈이 떴지만, 결혼 후에도 신랑이 폭음으로 술에 취해 곯아떨어져서 공치는 날이 태반이었다.

남자에 대한 그리움이 늘 사무치고 있는 듯하였다.

나이는 있어도 키가 후리후리하게 크고 눈썹이 시커먼 늠름하고 정력적인 신사와 호텔 방 침대에서 운우지정을 나누니 자기 몸이 남자의 몸속으로 파고 들어가는 느낌까지 들어 가슴이 울렁거리며 정신은 황홀했다.
어제저녁만 하여도 남자의 억센 포옹이 그리워 베개를 움켜 안으며 몸부림치지를 않았던가,
그런 이혼녀에게도 우연한 만남은 무엇보다도 생리적인 욕구 해결에 행운을 가져다준 것 같았다.

그녀는 위에서 남자의 바위 같은 무거운 체중을 느끼며 주상이 아래에서 자궁이 파열되듯이 깊게 밀고 들어오니 황홀한 파동이 전신에 물결치며 사지가 그대로 녹아 버리는 것만 같은 쾌감이었다.
연이어서 파도처럼 밀려오는 사내의 공세에 생리적인 충동이 너무 강렬하였다.

난생처음 받아 넣은 큰 물건에 첫사랑 애인이나 결혼하였던 신랑에게도 느껴보지 못하였던 황홀한 쾌감이었

다.

강렬한 자극에 체면도 없이 발악발악 소리가 저절로 터져 나왔다.

사내는 객고를 푸는 마지막 보류인 물대포로 사정을 시원하게 쏘아 대었다.

어둠 속에는 두 사람만의 호흡 소리만이 흘러내렸다.

뒤처리가 끝난 어린 여인은 어둠 속에서 사나이의 손을 꼭 움켜잡았다.

그동안에 잘 몰랐던 새로운 세계를 알려준 데 대한 감격을 전하는 아련한 메시지였다.

사내는 손을 뻗어 마지막 후희로 그녀의 가슴을 쓰다듬고 다리를 쓰다듬으며 불이 났던 불두덩을 토닥거려 주며 넓은 가슴속으로 폭 감싸 안아주었다.

그러고 나서 방금 잠이 들었던 것 같은데 눈을 떠보니 아침 햇살이 방안에 가득 채워져 들었고 그녀는 자기 방으로 언제 돌아갔는지 모닝콜 벨소리에 깨었다.

호텔에서 제공하는 양식으로 아침을 하면서 식당에서 만났다.

그녀는 어제 입었던 잘 어울리는 아오자이를 입고 어린 딸을 손에 잡고는 어젯밤에 육박전을 치렀던 것은 언제 그런 일이 있었냐는 듯이 시치미를 뚝 떼고 오고 간 흔적도 없이 생긋이 웃으면서 말했다.
"잘 주무셨어요" 하며 인사하니 어린 다영이도 따라서 "안녕하세요" 한다.

한 식구처럼 같은 식탁으로 와서 앉았다.
아침식사가 끝나고는 시장조사차 시내로 나가 보기로 하였다. 앞으로 베트남이 중국, 인도에 이어 개발도상국 반열에 올라 경제 대국이 될 날이 머지않았다고 내다보고 있다. 일본인들도 베트남에 투자하는 일이 뚜렷하게 많아졌다고 한다.

지금은 어려워서 한국 40대 농촌 총각들에게 베트남 20대 여자들이 시집을 가지만 머지않아 베트남도 잘사는 나라가 되면 그런 일은 옛날이야기가 될 듯싶다.
지하자원이 풍부하고 날씨가 더워 농수산물이 풍부하므로 잘 살 수 있는 여건이 충분히 갖추어진 나라이기 때문이다.

셋이서 편의점을 찾았다. 진열된 물건도 보고 신문을 보기 위해서였다.

통역은 레비우엉 그녀가 하고 있으니 불편함은 전혀 없었다. 신문이 보이지 않아 그녀가 신문이 있냐고 물으니 신문은 없다고 한다.

왜? 신문이 없느냐고 다시 묻자 아르바이트로 일하는 여점원은 베트남은 신문이 배달되지 않고, 진열해서 판매하지도 않는다고 하였다. 가끔 오토바이 신문판매원이 지나가면 그때 사서 보아야 한다고 하니 큰 실망이 되었다.

홈쇼핑 통신 판매를 하기 위해서는 신문광고를 하여야 하는데 신문이 배달되지 않으면 사서 보는 구독자가 적어 신문광고 효과가 없을 것이다.

아직은 후진국을 면치 못한 듯 보였다.

이곳저곳을 다니면서 느낀 것은 자전거가 많으며 질서가 없고 깨끗하지 못한 도시 거리였다.

한국 돈의 가치는 10배나 높았다.

물가도 알아볼 겸 교민 잡지를 구하기 위해 점심때가 다 되어 한국 식당을 찾았다.

교민신문을 비롯하여 벼룩시장, 교차로 정보지와 월간 잡지까지 몇 가지가 있었다.

마치 한국에서 보던 정보지와 같았다.

하노이는 한국 교민이 총30만이나 되고, 일본 열도처럼 긴 베트남의 수도이다. 하노이에서 비행기로 두 시간 남쪽으로 내려가면 나오는 호치민은 부산 같은 제2의 도시이다. 일본의 도쿄와 오사카처럼 하노이가 정치적인 도시라면 호치민은 상업 도시이다. 베트남을 월남이라고 부르던 시절에 호치민은 사이공으로 불리던 도시이다.

한국 식당에서 셋이서 점심을 하며 주상은 구상하고 있던 사업성을 견주어 보았으나 사회적인 국가에서 신문매체에 광고 제한이 많아 TV 광고매체로 홈쇼핑을 겨냥할 수밖에 없었다. 그래서 준비가 될 때까지 연기하기로 하였다.

하루 만에 준비를 더 하는 거로 결론을 내리면서 며칠

간 관광이나 하고 돌아가기로 마음먹었다.

다음날은 아침 일찍 마치 한 가족이 된 것처럼 하롱베이로 떠났다.
천연자연이 그대로 잘 보존된 유명한 관광명소였다.
하롱베이는 관광명소답게 위락시설이 골고루 잘 갖추어져 있었다.

사시미(생선회)를 좋아하는 주상은 제주도에서 60만 원 하는 다금바리를 하롱베이에서 20분이 1의 가격인 3만 원에 마음껏 먹을 수 있었다. 그때의 값싸고 맛있게 먹었던 추억을 지금도 잊을 수가 없다.
다금바리가 비싼 이유는 물고기 중에서 유일하게 같은 물고기를 잡아먹어서 양식이 까다로워 주로 자연산이기 때문이다. 다금바리는 일부 특정 지역에서만 서식하여 귀한 물고기이며 살이 단단하여 횟감의 황제라고 불리는 최고급 생선이다.

한화 가치가 높아 셋이서 다녀도 관광비용, 호텔비, 택시비, 식비가 얼마 들지 않았다.

레비우엉에게 주는 가이드 비용보다도 덜 드는 비용이었다.

일주일을 예정하였던 베트남 시장조사는 5일간의 여행으로 예정일보다 이틀을 앞당겨 귀국하면서 인도네시아, 필리핀시장 개척을 구상하였다.

레비우엉과는 5日간 운우지정으로 정이 들자마자 이별할 수밖에 없었다.
그녀는 몹시도 아쉬워하였다.
그동안에 가이드한 수고비를 두둑이 쥐여주면서 인연이 닿으면 다시 만나기로 기약하며 작별의 인사를 주고받았다.

그 후 일 년이 지나 엊그제 국제전화를 받아보니 그녀는 고향에서 재혼하게 되었다며 딸 다영이와 베트남에서 함께 살고 있다며 소식을 전해주었다.
그동안 그녀는 주상을 못 잊고 님의 그리움으로 추억하는 것 같았다.
아무쪼록 그녀가 행복하기를 바란다.

눈에 핀 사랑의 꽃은 시들기 쉽고,

입술에 핀 사랑의 꽃은 변질되기 쉽고,

가슴에 핀 사랑의 꽃은 시들지 않지만,

정신적으로 핀 사랑의 꽃은 그리움만 사무친다.

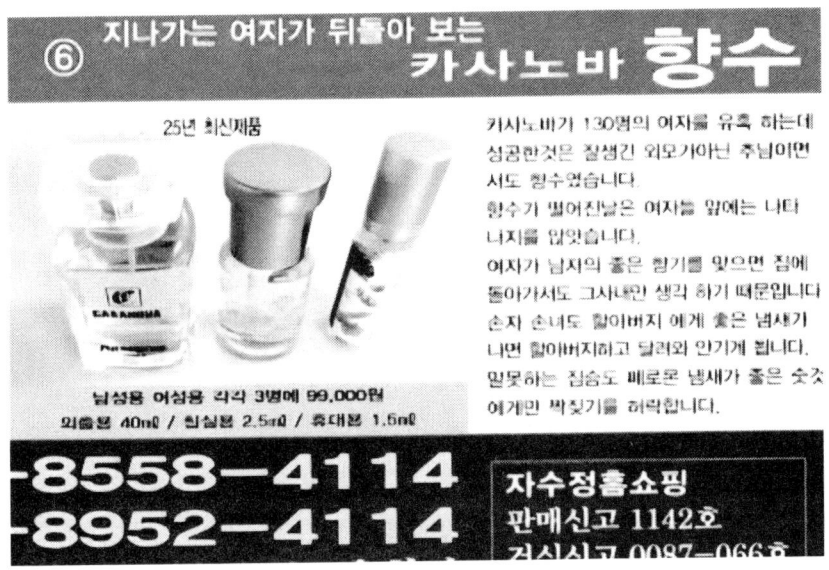

카사노바 페로몬 향수
상담문의 010-8558-4114

베트남에서

아오자이가 잘 어울리는 레비우엉 여인

5. 중국 대륙 심양을 가다

인천 공항에서 북쪽으로 2시간 비행거리인 심양 공항에 도착하였다. 시차는 한국보다 한 시간 늦었다.
공항을 나서니 한겨울 영하 30의 날씨로 그야말로 살을 에는 듯한 엄동설한이었다.

'아이 추워' 하면서 두툼한 오버 깃을 여미어도 몸속을 파고드는 매서운 칼바람은 상상을 초월하였다.
대륙산업의 김 회장이 보낸 고급 승용차와 기사가 마중 나와서 기다리다가 재빨리 다가오더니 꾸벅 인사를 하였다.
"박사님이시죠" 하며 가방을 받아 들었다.

사전에 인상착의를 김 회장이 기사에게 알려 주었기 때문에 단번에 알아본 모양이었다.
가방을 넘겨주며 말했다.
"이렇게 지독한 추위는 처음 보네."
"네. 한겨울에는 서울 하고 15~20° 차이가 나요."

주차장에 대기해 놓았던 널찍한 BMW 1억 5천짜리 중형승용차에 오르니 살것 같았다.
미리 히터를 틀어 놓아서인지 차 속은 후끈후끈하였다.

주상이 저술한 <레이저 혁명>이라는 책을 보고 가을에 김 회장이 서울에 다녀간 후였다.
김 회장은 레이저 기술을 전수받아 신제품 개발을 하려고 주상을 초청한 것이다.

20여 분간 달려가니 대륙산업이라는 웅장하게 큰 공장에 이르렀다.
김 회장은 눈썹이 휘날리게 재빨리 달려 나오면서 반색을 하며 반겨 주었다.
"추위에 오시느라고 고생 많으셨습니다."

중국 심양은 옛날엔 '봉천'이라 불렸던 독립운동의 본거지로 지금은 천만 인구의 도시이다.
주상은 중국의 다른 지역은 여러 곳을 가 보았으나 심양은 처음이었다.
주위를 빙 돌아 바라보아도 평평한 광야뿐 산이라고는 찾아볼 수가 없었다.

많은 한국 중소기업들이 진출하여 김 회장처럼 성공한

기업이 있어 한국과 심양을 드나드는 사람도 많았다. 하지만 망해서 야반도주한 중소기업가들도 부지기수이다.

한국의 중소기업가들이 처음에는 청운의 꿈을 안고 중국에 진출하였을 때는 일본의 청소차 기사나 노동자들이 기생 관광으로 한국에 들어와서 현지처를 두고 거들먹거리면서 일백만 원을 주고 아다라시(숫처녀)만 찾아 사회문제화가 되던 때와 같았다고 한다.

한국인들이 심양에 처음 들어왔을 때는 사람대접을 받아 한국 양반이라고 불리던 것이 얼마 안 가서 현지 여자들을 울리고 문란해지자 처음에는 '한국 사람'이라고 불리던 것이 나중에는 '한국 놈들'이라고 불렀다고 한다. 사기 치고 해외로 도피하고 심양에 와서도 못된 짓만 하는 사람이 많다고 하니 듣는 기분이 씁쓸하다.

왜 그리도 한국 사람은 젊은 사람이나 나이 든 사람이나 한결같이 여기만 오면 여자, 여자에 여자 타령만 하고 여자사냥으로 눈이 뻘게지는지 모르겠다고 한다.
80세에 보따리 장사를 하는 할아버지도 심양에 와서 30대 중반의 언니 하나를 아파트까지 사주면서 현지처를 들였는데 친자매인 20대 후반의 동생이 언니가 샘이 나서 형부나 마찬가지인 언니의 애인을 빼앗았다고 하니 아무리 나이 많은 할아버지도 돈이면 되는 황금만능 시대의 도시였다.

김 회장은 주상에게 바람도 쐬고 저녁 식사도 해야 하니까 시내로 나가자며 일어섰다.
김 회장은
"작가님 북한에서 운영하는 이북식당에 한번 가 보실래요?"
"예~ 그런 데가 다 있어요. 호기심이 생기네요."
김기사에게 서탑으로 가자며 말했다.

주상이 서탑이 뭐냐고 물었다.
"아~예, 서쪽에 탑이 있다고 하여 서탑이라는 지역명이에요. 가장 번화한 거리지요."
약 10분 정도 달려가니 서탑 네거리에 평양관, 옥류관, 모란각 간판들이 보였다. 마치 평양 시내처럼 이북식당들이 줄줄이 있는 곳에 승용차를 세웠다.

그리고 건너편에는 한국 식당인 듯한 연희궁 이조 갈비, 수원 갈비라는 간판도 보였다.
김 회장은 김기사에게 퇴근하라고 하더니
첫 번째 집에 있는 평양관 현관문을 밀치며 들어섰다.
주상은 뒤따라서 2층으로 올라섰다.

평양관이란 간판부터 북한 냄새가 나더니 서빙 도우미들이 달려 나와 자리를 안내하는 아가씨들 유니폼에서도 이북 풍의 냄새가 풍겼다.

하나같이 20대 초의 미모가 뛰어난 아가씨들은 검정 치마에 흰색 저고리를 유니폼으로 입었고, 가슴에는 자그마한 김일성, 김정일 배지를 달고 있었다.
김회장은 여러 번 이용했던 관계로 내막을 잘 알고 있었다.
서빙 도우미들은 출신 신분이 좋은 평양에 있는 예술대학교 학생들이라고 한다.

무용과 노래를 잘 하며 미모가 뛰어나야 선발되고 2년간 파견 근무를 하게 되며 서빙뿐 아니라 무대에서 무용과 노래도 하여야 한다고 한다.
우리 테이블을 담당한 리영희라고 명찰을 단 여대생은 식사와 술을 하는 동안 내내 옆에 서서 시중을 들어 주면서도 상냥하게 미소를 짓고 있었다.
그 모습이 남남북녀라고 하더니 너무 예뻤다.

마음에 들어 봉사료 팁을 건네주니, 받지를 않으며 봉사료는 공개적으로 넣는 통이 카운터 옆에 있으니 그곳에 넣어달라고 했다. 평양관의 규칙이 그렇다고 한다.

사회적 국가에 공동분배인 듯 보인다.

김회장이 먹을만하다며 시킨 식사와 중국 술은 처음 대하여 낯설었다.
그러나 맛은 모두 마음에 들었고 일품이었다.
김회장과 술을 주거니 받거니 하며 사업 이야기를 나누고 있으니 검정 투피스에 검정 코트를 입은 30대 초에 미모의 여성 두 명이 김회장 앞으로 왔다. 둘은 활짝 웃고 반기며 고개를 살짝 끄덕하더니 중국말로 인사를 하였다.

김회장은 중국말로 그녀들에게 뭐라고 말하자 주상에게 고개를 숙여 인사를 하더니 주상 옆과 김회장 옆자리에 각각 나누어 앉는 것이었다.
그녀들이 자리에 앉자 김회장은 주상에게 설명하였다.
골드미스 독신녀들이며 국가 공무원인데 결혼은 안 하고 엔조이만 한다는 두 여자는 친한 친구 사이이며 내 옆에 앉아있는 이 여자는 심양에 와서 외로움을 달래려고 연인 관계로 사귀는 여자라고 한다.

오늘 박사님이 오시기에 친구 한 사람을 데리고 나오라고 부탁하였더니 같이 나온 것이라며 주상의 궁금증을 풀어 주었다.

오늘 저녁은 호텔에서 같이 지내시고 내일은 토요일이니 오애시장(짝퉁시장)도 구경 한번 해보시지요, 하면서 그녀에게 3일 동안 사장님을 잘 모시라며 중국말로 당부하는 것 같았다.
그녀는 고개를 끄덕이더니 주상 팔을 꼭 잡으며 애교를 부렸다.

첫날부터 대우가 극진하였다.
이러는 데는 그럴만한 이유가 있었다.
김회장은 레이저로 신제품 개발에 사활을 걸었다는 이야기를 들었기 때문이다.
주상은 남몰래 속이 벅차올랐다.

여대생이 접대한다는 말은 들어 보았어도 공무원을 중국에서 접대받는다는 말은 처음 듣는 말이었다.
서로 말은 통하지 않아도 일류 탤런트 못지않게 미모가 출중하였다. 예쁜 데다가 날씬한 몸매에 지성미도 넘치며 정숙함까지 겸비하였다.
그야말로 양갓집 규수 감으로 귀티까지 넘치는데 중국에도 이렇게 예쁜 여자도 있구나! 생각하며 한편으로는 아니 이런 여자들은 뭐가 모자라서 이러는 것일까? 라는 궁금증이 생겼다.

주상도 익히 서울에서 국가 공무원 하고도 은밀하게 연애를 해본 전과는 있엇다. 하지만 이렇게 공개적으로 공무원이 스스럼없이 나타나니 세상은 알다가도 모를 일이었다.
돈 많은 김회장이 아무나 하고 관계하거나 거짓말할 사람도 아니고 김회장의 말을 그대로 다 믿고 싶었다.

김회장은 나이가 많으니 비약으로 미국산 옥타코사놀 플러스를 빼놓지 않고 꾸준히 섭취하니 젊은 계집 하나 다루는 데는 넉넉하다며 양쪽 어깨를 제치며 가슴을 쭉~펴 보였다. 상담문의 010-8952-4114
그 말에 확인이라도 하듯이 옆에 여자가 김회장의 한쪽 팔을 끌어 감싸더니 얼굴을 그의 어깨에 기대며 미소 지었다.

김회장은 나이답지 않게 쑥스러운지 어색해하며 주상에게 "그 아가씨는 어때요? 마음에 드세요?" 하면서 의례적인 인사말을 하였다.
"예~ 내 스타일이야. 마음에 듭니다."
"네~ 그러면 일어납시다."
네 사람은 술이 거나하게 취하여 평양관을 빠져나와 예약된 호텔로 쌍쌍이 빨려 들어갔다.

두 사람은 언어는 통하지 않아도 가슴만은 뜨거워졌고, 어느새 다정한 연인이 되어 단둘만의 아늑한 공간 속에 갇히고 말았다.

그녀는 만나서부터 지금까지 생글생글 웃음이 떠나지 않는 거로 보아 잠잘 때만 빼고는 언제나 웃는 좋은 습관을 지닌 여자 같았다.
능숙한 주상도 분위기가 달라지자 마음에 쏙 드는 이성 앞에서는 감정이 격해지며 가슴이 두근두근하였다.

그녀가 외투를 벗자마자 주상은 와락 허리를 힘껏 끌어안으며 찐한 키스 세례를 퍼부었다.
어머~ 왜 이래요. 하며 떠밀어 낼 줄 알았더니 그녀도 순순히 응해주며 숨소리마저 거칠어졌다.
서로 흥분이 달아오르자 침대 머리맡에 놓인 콘돔을 까서 끼우려 하자 그녀가 와락 달려들더니 눈을 예쁘게 흘기며 못 끼우게 빼앗아 버렸다.

자신은 창녀가 아니라 깨끗한 여자라는 무언의 항변인 것 같았다. 접대부가 아닌 독신녀를 맞은 주상은 안심이 되었고 손 안 대고 코 푼다는 생각이 들었다.
이성 간의 애정 문제는 묘한 것이어서 고속도로를 달리듯 거침없이 달릴 수 있다고 하여 좋아할 것만은 아니었다.

잡힐 듯 잡힐 듯하면서도 쉽사리 잡히지 않고, 요리 빼고 조리 빼야 자빠뜨렸을 때의 정복감이 더욱 고조 되는 법이었다.
그렇게 하여 어렵게 공을 들여 정복당한 여자는 한번 살을 섞은 남자에게 무척 가깝게 느끼는 법이다.
별다른 애정이 있는 것도 아니며 같이 살아갈 것도 아니라는 것을 잘 알고 있는데도 관계한 그 남자가 평생 지워지지 않는 것이 여자의 심리이다.
그것이 여자의 과거이고 인생의 추억인 것이다.

주상은 복에 겨워 괜한 생각을 하고 있다.
호텔 방에서 하룻밤 풋사랑으로 욕정만 풀면 되었지 그녀의 가슴에 찬란한 꽃이 피어나길 바라는 것은 무리였다.
옛말에 말을 타면 종을 부리고 싶다고 하듯 사람의 욕심은 끝이 없어서 길이 트여있는데 왜 개통도 안 된 길까지 생각하는지 모르겠다.

그녀는 어느새 더블 침대 속에 묻어 있었다.
사내도 바늘 가는 데 실 가듯이 따라서 이불 속으로 들어갔다.

맨살과 맨살이 닿는 순간 현기증을 느끼며 전기가 흐르듯이 짜릿하였다.
마치 200v에 감전이라도 된 듯이 떨렸다.
말이 안 통하니 언어장애 벙어리와 관계하는 것 같았다.
끙끙 앓는 소리와 몽유병 환자가 꿈속에서 헛소리하듯 알 수 없는 소리만 반벙어리처럼 지껄였다.
희미한 불빛 아래 침대 옆면과 위쪽 천장에는 대형 거울이 붙어있었다.

거울 속에 비친 두 남녀의 맨살 덩어리가 꿈틀거리는 모습은 마치 비디오에서 남이 하는 성행위를 하는 모습을 바라보는 기분이었다. 또 시각 지향적인 남자는 더욱 야릇하여 흥분이 고조되더니 숨이 멎는 기분이었다.
말이 통하지 않아도 감정의 표현을 대신 해주기라도 하듯이 거울 속을 바라보며 하는 섹스는 색다른 맛이었다.

이를 두고 이가 없으면 잇몸으로 산다는 말이 나온 거 아닌가 한다.
사람은 일생을 살면서 머리를 반도 쓰지 못하고 죽는다고 하는데 누가 이런 머리를 생각해 냈는지 참으로 절묘하였다.

이불을 제치자 두 개의 하얀 봉오리가 드러난다.
봉긋하게 솟아올라 제법 동그랗게 자리를 잡고 탄력 있게 보였으며 두 개의 젖꼭지는 이미 발그레 물들어 있어서 곱다.
야~ 좋은데 월등히 신선하고 매력적이야.
주상은 입술을 한쪽 앵두 알 같은 젖꼭지로 가져간다.
덥석 한쪽 유방을 덮쳐 자근자근 애무하기 시작하였다.
그녀는 감전이라도 된 듯 놀란다.

무르익은 교성과는 비교가 안 될 정도로 풋풋하면서 감미롭다. 그녀는 싱싱하고 뜨겁고 질기면서도 또한 부드러운 맛이 있어서 이제야 제대로 된 사내를 만났다는 느낌이었다.
깜짝 놀라 입이 딱 벌어질 정도의 황홀감을 맛보게 되었으며 이처럼 자지러지도록 짜릿한 순간을 경험하기는 처음이었다. 쾌감의 전희가 줄줄 녹아내려 저절로 눈이 휘둥그레졌다.

그 방면에 도가 트인 주상은 그녀가 내뱉은 소리만으로도 이미 고깃덩어리의 이력을 짐작하는 터이다.
남자가 얼마나 지나갔는지 적당히 남자를 받아들이고 있는 몸뚱이인지 아니면 남자들에게 무수히 짓이겨서 흐늘흐늘 부식해가는 그런 고깃덩어리 인지 식별이 가능하다.

그리고 그 여자가 남자를 어느 정도 좋아하는지 다시 말하면 그 고깃덩어리의 호색도 까지 소리만으로도 이미 꿰뚫어 보는 것이었다.
챠오밍 그녀가 내지르는 첫 음성만으로도 사내가 그리 많이 지나가지 않은 풋내기라는 것을 알 수가 있었다.
그녀는 벌건 알몸으로 다가오는 주상을 보자 그만 두 손으로 얼굴을 가리는 수줍어함이 여자다웠다.

남자가 여자 배 위로 올라탄 정상 위 체위에서는 옆 거울에서 자연 그대로의 표현을 대신해 주었고 사내가 욕심을 내며 깊이 삽입해 넣으려고 하면 양다리를 바짝 가슴까지 잡아당겨 엉덩이를 치켜 올려 주었다.
반대로 여자가 남자 배를 올라타는 후배위 체위인 기마자세 시에는 천장에 붙어 있는 거울에는 유능한 통역사 보다도 더 확실하였다.

그녀의 일 거수 일투족의 표현이 낱낱이 투명한 거울 속에 모두 공개되고 있었다. 키 큰 그녀가 하늘을 향하여 두 다리를 쭉 뻗치자 거울에 닿을 듯하였으며 마치 말을 타고 말안장에 앉자 광활한 대륙을 달리기라도 하듯이 연신 상체를 앞뒤로 움직이며 열심히 허리를 돌려 굴리니 풍만한 젖가슴은 물풍선처럼 출렁거렸고 엉클어진 긴 머리는 땀에 젖어 목에 감기었다.

두 눈은 괴로운지 꼭 감았으며 조금 전까지도 그리 잘 웃던 트레이드마크인 표정은 뒤바뀌어 아픔을 못 견디듯이 고통스러워 일그러져 있으며 오히려 입은 헤~ 벌어져 침이 쭈르르 흘렀다.
두 손은 사내가 뻗쳐준 양손을 맞잡고 히프는 음핵을 사내의 치골에 문지르며 방향을 잘 잡고 요리조리 비비며 고양이 앓는 소리를 내었다.

서로 말을 통하는 것 이상으로 말이 없어도 절묘하게 소통이 잘되고 있었다.
급기야는 사내의 몸 위로 엎어졌다.
입으로는 말은 못 하였지만, 괴성 지르는 것만은 여느 여자들과 다를 것이 없었다.

그녀는 만족하여 사내가 물총으로 쏜 액이 흐르지 않게 음부를 두 손으로 들켜 쥐고는 종종걸음으로 욕실로 달려가더니 한참 만에야 따듯한 물수건을 들고나와 사내의 얼굴부터 닦였다. 이어서 엄마가 아기 고추를 귀엽게 닦아 내듯이 사내의 심벌을 정성스레 닦아 내렸다.
섹스도 장소와 분위기에 따라 맛이 다르듯이 여자도 제

각각 맛이 다르며 서비스도 각양각색이었다.

어젯밤 잠에 곯아떨어졌다.
눈을 뜨니 어느새 챠오밍 그녀는 화장까지 깨끗이 하고 사내가 일어나기만을 조용히 기다리고 옆에 앉아 지키고 있었다.
사내가 잠에 깨어 두 눈이 마주치자 또 그녀 특유의 생글생글한 미소를 짓는 데 더욱 싱그럽게 느껴졌다.

어젯밤에는 서로가 몸과 몸으로만 대화하였다면 이제는 눈과 눈으로 아침 인사를 대신 하면서 김회장 체면에 손상이 가지 않을 정도로 수고비를 쥐여주니 멈칫하면서 고개를 숙여 인사를 하며 받아 넣었다.

8시가 되자 식당으로 내려가 또 다시 네 사람이 합류하였고 김회장은 일찍 나와 기다리고 있었다.
주상을 보자 "즐거운 밤 보내셨는지요?"라며 야릇한 웃음을 지으며 만족하였느냐는 뜻의 인사부터 해 왔다.
"네~ 덕분에 과분하였습니다."
"천만에요 추위에 멀리 오셨는데 그 정도는 너무 약소합니다, 능력이 여기까지밖에는 안 되네요." 하며 겸손한 말을 하였다.

"아니에요. 무슨 그런 말씀을 더이상 뭐가 있겠어요, 너무 만족합니다."
"예~ 그러시면 다행입니다."
그녀들은 눈을 멀뚱멀뚱 뜨고 쳐다만 보며 무슨 소리인지 한마디도 못 알아차리는 것 같았다.
주상은 콘돔을 사용치 않은 것이 마음에 걸려 김회장에게 직접 말하기도 민망하고 하여 우회적으로 물어보았다.

"저 여자들은 깨끗한 여자네요."
"네~ 그러면요. 보건 쪽 공무원들이라 위생문제는 철저한 여자들이니 안심하셔도 됩니다."
김회장의 명쾌한 설명에 주상은 속으로 휴~하며 안도의 숨을 쉬었다.
김회장은 크게 성공한 사람답게 사업하는 처세술이 남달랐다.

"그러면 식사부터 합시다. 중국요리와 양식 두 가지가 있는데 뷔페식이니 입맛에 맞춰 골라보세요."
주상은 중국 음식은 질색이었다. 짙은 향내와 니글니글한 느끼한 기름이 싫은 데다 종전에도 북경을 비롯하여 여러 곳에서도 음식이 맞지 않아 곤욕스러웠던 적이 여러 번 있었다.

양식으로 끼니를 대충 때우자 챠오밍 그녀가 커피잔을 받쳐 들고 와 서비스를 하였다.
네 사람은 후식으로 커피를 마시며 김회장이 오늘 스케줄을 말하였다.

"공항에 가셔서 오전에는 전 직원에게 레이저 혁명에 대한 강의를 해주시고 내일은 연구진에게 레이저 기술을 중점적으로 전수해 주십시오. 그리고 오늘 오후에는 없는 것이 없고 가격이 저렴한 오애시장(짝퉁)도 구경하시고요."
"네 그럽시다."
주상은 명쾌하게 대답하면서 커피잔을 내려놓으며 일어서니 일행이 모두 따라 일어섰다.
여자 둘은 헤어졌다가 오후에 다시 만나기로 하고 호텔 로비에서 잠시나마 아쉬운 작별을 고하였다.

승용차 기사는 호텔 현관 앞에 이미 대기 하고 있었다. 두 사람이 나오자 뒷문을 열어 주상이 먼저 승차하고 뒤따라 김회장이 올라타니 김기사는 뒷문을 닫고 잽싸게 운전석으로 달려가 공장으로 직행하였다.

6. 여대생 장윤정

　주상의 여성 섭렵은 오나가나 변하지 않았다. 그리고 불가사의한 일은 그 많은 여자를 끊임없이 취했는데도 사고 한 번 일으키지 않고 뒤가 깨끗하다는 것이다.
그렇다고 사업을 소홀히 하는 것도 아니고 가정에 불화가 있는 것도 아니니 냄새 한번 나지 않고 입 씻은 듯이 아무런 일도 없었다.
그래서 자고로 영웅호걸은 주색을 가까이하였다고들 하였다.

때는 바야흐로 고추잠자리가 춤을 추며 날아다니고 국화꽃 향기가 코끝을 자극하던 어느 가을날이었다.
주상은 출근하려고 승용차로 가려다가 아침 러시아워 시간이라 길이 너무 많이 막힐 것 같아 전철로 출근하기 위하여 당산역 2호선으로 가고 있었다.

출근길 전철은 미어터질 듯이 콩나물시루를 연상케 하였고 사람과 사람 사이에 끼어 한 정류장을 가니 영등포구청역이었다. 다행히 5호선과 환승역인지라 많은 사람이 썰물 빠져나간 듯이 나가 일부 빈자리가 생겼다. 주상은 구겨진 옷을 흔들며 선반 위에 의례 놓여있는 무가지 신문을 쥐고는 빈자리에 앉으니 이번에는 밀물이 들어오듯이 빠져나간 사람보다도 더 많이 승차하였다.

그러다 보니 주상은 앉아있는 무릎 사이까지도 바늘구멍만 한 여유 공간 하나 없이 숨이 콱콱 막혔다. 그야말로 인산인해를 이룬 만원 지하철이었다.
그런데 주상의 양 무릎 사이로 파고드는 사람의 다리가 점점 더 침범해 들어와 위를 올려다보았다. 한쪽 손은 치켜 올려 손잡이를 꽉 잡고 있었고 한쪽 팔로는 책과 대학노트를 한 아름 가슴에 껴안고 있는 여대생이었다.

짧은 스커트가 치켜져 기어 올라가 허연 넓적다리를 보는 순간 아찔하니 현기증을 느끼지 않을 사람이 없었다.
그 여대생은 사람에게 밀려 주상의 양다리 사이에 갇혔으니 자신도 민망한지 고역스러워하였다. 물샐틈없이 꽉 들어찬 사람들 때문에 옴짝달싹할 수 없는 상황인지라 어쩔 도리가 없었다.

주상은 들고 있던 신문도 볼 수 없어서 그 여대생의 책 뭉치를 받아서 무릎 위에 올려놓아 주었다.
그랬더니 그 여대생은 한결 가뿐함을 느끼면서 "고맙습니다"하고 의례적인 인사를 하면서 주상의 얼굴을 힐끔 쳐다보았다.
그래서 주상은 말했다.
"학생 나는 세 정류장만 가면 공단역에서 내릴 거니까 바꿔 앉아요"
"아니에요. 내리시면 앉을게요" 하면서 사양했다.

주상은 구로공단역까지 가는 동안에 항상 양복 윗주머니에 비치하고 다니는 명함 한 장을 꺼내서 무릎 위에 놓여있는 책갈피 속에다 살며시 쏙 끼워 넣어 놓았다.
전철은 정류장을 더해 갈수록 출근길 사람들로 점점 더 늘어만 가던 중 공단역에 정차하였다.

주상이 갖고 있던 책 뭉치는 앉아 있던 자리 위에 그대로 내려놓으니 그 자리는 자연히 여대생의 자리가 되도록 배려해주었다.
주상은 내리면서도 그 여학생에게
"학생 공부 잘 하고 와요"
아는 사람에게 인사하듯 부드럽게 하니 그 여학생은 환하게 하얀 이를 드러내며 웃었다.

"감사합니다" 하면서 답례를 하는 모습이 활짝 핀 백합 꽃 같아 머릿속 센서에 지워지지 않을 정도로 입력되었다.

주상은 회사로 출근하여 일을 열심히 하고 있는데 오후 3시쯤이 되어 핸드폰 소리에 무심코 창을 들여다보니 낯선 번호가 떠 있었다.
주상은 키를 누르며 전화를 받았다.
"여보세요"
"선생님이세요?" 오늘 아침에 너무 고마웠어요"
아침에 전철에서 만났던 그 여학생이 전화 온 것이다.
"책갈피 속에 명함이 선생님 명함인 줄 알았어요. 주소도 공단이기에... 선생님은 어느 역에서 타셨어요? 매일 출근을 그 시간에 하시나요?"

이쪽에서 말할 틈을 주지 않고 자기 묻고 싶은 말만 연거푸 물어온다.
"나는 당산역에서 탔는데 학생은 학교까지 잘 앉아서 갔나요?"
"네에...선생님 덕분에 학교까지 잘 앉아서 갔어요. 그리고 오늘은 공부를 하나도 못했어요, 강의시간에 교수님 말씀이 들리는 게 아니고 선생님 목소리만 환청이 자꾸 들려서요."

"학생 공부 잘하고 와요"
"저는 그런 말 처음 들어 봤거든요. 그래서인지 영 공부가 안되더라고요. 이상하지요? 공부 잘하고 오라고 하셨는데 공부가 더 안 되니 말이에요."

요즘 신세대 학생들은 이렇게 자유분방하여 자기표현을 거리낌 없이 다 표출하는 세대였다. 프로포즈도 먼저 해오고 스킨십도 먼저 요구해 올 정도로 세상은 많이 달라졌다.
"선생님 내일 아침 8시에 저도 당산역에 가서 전철을 탈게요. 선생님도 오늘처럼 당산역에서 타실 거죠? 그러면 내일 아침에 뵐게요" 하면서 전화를 끊었다.
주상은 괜히 싱거운 짓을 하였구나.라는 생각이 드는 한편 기질적인 호기심이 발동되었다.

그다음 날 승용차는 처박아놓고 당산역으로 전철을 타러 8시에 나가 서 있었다. 그 하얀 이를 드러내며 백합꽃처럼 환하게 웃던 그 모습을 상상하면서...
아니나 다를까 어제 그 여학생이 간발의 차이로 뒤따라 플랫폼에 들어서면서 전동차를 기다리는 인파 속을 헤집더니 두리번거리며 주상을 찾는 모습이 보였다.

주상은 즉시 손을 번쩍 들어서 자기 위치를 확인시켜주

니 그 여학생은 반갑다는 듯이 또 환한 웃음을 지으며 재빨리 달려왔다.
"선생님 안녕하세요. 정확하게 약속을 지키셨네요. 혹시 안 나오실 줄 알았어요. 안 나오시면 더 기다려 볼 생각이었어요."
그러는 사이에 길게 꼬리를 이은 전동차가 바람을 가르며 쏜살같이 달려와 정차했다.

출입문이 양쪽으로 열리자 확 열기와 함께 쏟아져 내리는 사람들이 뭉텅이로 빠져나가고 다시 또 그릇에 주워 담듯 양쪽으로 줄 서 있던 사람들이 하나둘씩 타니 배가 터지도록 발 디딜 틈도 없이 초만원이었다.
전동차 속에 다 욱여넣지 못하였는지 양쪽 문은 반쪽으로 스르르 닫히려다 말고 다시 열리기를 반복하더니 출발하기 시작하였다.

주상과 그 여학생은 따로 떨어지지 않으려고 바짝 밀착되어 서로 마주 서 있었다. 여학생이 책 뭉치를 거추장스러워하는 것 같아 주상이 받아서 선반 위에 긴 팔을 뻗어 올려놔 주었다. 그 여학생은 키가 1m 80cm인 주상의 넓은 가슴 안에 저절로 꼭 갇히게 되어 안기게 되니 얇은 티셔츠 위로 봉긋 솟아 나온 젖가슴이 밀착되었다.

송두리째 주상의 와이셔츠 가슴 위를 압박하듯이 되었니 만만치 않은 스킨십이었다. 그러니 전철 속에 많다는 치한 아닌 치한이 자동으로 되고 말았다.

전동차가 덜컹덜컹 움직일 때마다 공중에 떠 있다시피 하던 승객들은 이리 쏠리고 저리 쏠려 기우뚱거리니 주상과 여학생도 중심을 잃게 되었다. 여학생은 한팔을 휘감아 주상의 허리띠를 붙잡고 의지하고 서 있으면서 민망한 건지 흥분된 건지 얼굴이 달아오르듯이 물들어 있었다.

주상 역시 본의 아니게 전철 속에서 여학생을 안아 보게 되어 야릇한 자극으로 아침 기분이 묘하였다. 생리적 현상이 일어나 가운데가 불뚝 앞으로 치솟아 나왔고 숨소리까지도 가빠지는 것을 느끼자 여학생에게 들킬까 봐 당혹스럽지 않을 수 없었다.
그래서 여학생의 몸에 닿지 않게 하려고 엉덩이를 뒤로 꽁무니 빼듯이 허리를 구부려보았지만, 가운데는 멀리 떨어트릴 수 있었으나 오히려 앞가슴과 젖무덤은 더욱 밀착되는 것 같았다.

이제 구로공단역이 점점 가까워져 오고 있으니 왠지 더 멀리 갔으면 하는 생각이 불현듯 엄습해 오고 있었다.

당산역에서 구로공단역까지는 불과 다섯 정거장밖에 안 되는 짧은 거리다 보니 아쉬움이 남았다.
주상의 앞 가운데 다리는 있는 대로 힘껏 치솟아 삐져 나와 있고 얼굴은 달아올라서 벌겋게 물든 상태로 흥분 되어 공단역에 내리는데, 방금 주상의 몸에서 분리되어 남은 그 여학생이 "선생님 내일 아침에 또 뵐게요." 하고 인사를 하자 전동차는 내빼듯이 달아나고 있었다.

주상은 출구로 나가기 전에 우선 바지 위로 불뚝 치솟아 나온 것 때문에 누가 무어라 하는 사람도 없는데 민망스러워 화장실로 들어갔다. 바지 앞의 지퍼를 밑으로 내리고는 뻣뻣하게 서 있는 물건을 한 손으로 움켜잡고는 시원한 바깥으로 끄집어내 놓았다. 보고 싶지 않은 소변을 억지로 보려고 힘을 주면서 짜내듯 하니 그때 주책없던 그 불기둥은 고개를 숙이기 시작하며 쪼그라 들었다.

이제야 살았다는 듯이 정신을 가다듬으며 다시 바지 속에 집어넣고 지퍼를 올리면서 아무 일도 없었다는 듯이 시치미를 뚝 떼고는 뚜벅뚜벅 걸어 나와 회사에 출근하였다.

군대에서 알 듯 모를듯한 루머가 있었다. 루머란 근거 없이 사람들 입에 오르내리는 말로 건빵과 화랑 담배 속에 발기를 억제하는 물질이 들어있다고 했다.
혈기 왕성한 젊은이들이 성욕을 억제하지 못하고 탈영하는 것을 방지하기 위해서라고 한다. 여자 생각을 주체하지 못할 때이니 단순히 루머 만은 아니듯 싶다.

일본에서 개발한

실물과 똑같은 리얼돌

문의 010-8558-4114

7. 외로워하는 윤정이

 오후 네 시가 좀 넘은 시간인데 그 여대생의 두 번째 전화가 또 걸려왔다.
"선생님 저 누군지 아시겠어요? 장윤정이에요. 선생님 몇 시에 퇴근하세요? 저 지금 학교에서 나가는 중인데 선생님을 뵈러 가면 안 되나요?"
주상은 기다렸다는 듯이 말했다.
"윤정이 학생 그러면 공단역에 와서 다시 전화해요."

주상은 윤정이를 만난다는 생각에 왠지 마음이 설레며 일손이 제대로 잡히질 않았다. 약 한 시간 정도 잔무 정리를 하고 있으면서도 신경은 온통 핸드폰 벨 소리에 신경이 쏠리던 중에 전화벨이 울리자마자 주상은 잽싸게 폰을 받았다.
"주상입니다." 묵직한 소리로 대답했다.
"어머 선생님 공단역에 내렸어요."
"그러면 공단역 옆 다리 건너 제일 커피숍에 가서 있어요. 곧 나갈 테니."

그리고는 전화를 덮자마자 주상은 일찍 퇴근 준비를 하였다.

직원들보다 먼저 사무실을 빠져나와서 윤정이가 기다리는 제일 커피숍으로 총알같이 단숨에 달려갔다.
커피숍에 들어선 주상이 두리번거리며 윤정이가 있는 곳을 찾아서 걸어가 보니 주상이 오는 것도 모르고 있었다.
윤정은 대학노트를 펴 놓고는 명함에 있던 이름을 수없이 쓰고 또 쓰고 낙서하듯 주상, 주상을 수십 번을 쓰며 있었다.

"주상이 앞으로 가 앉으면서 무슨 공부를 그리도 열심히 해요. 사람 오는 것도 몰라보면서" 주상의 소리에 윤정은 깜짝 놀라면서 대학노트를 재빨리 덮었다.
"어머 선생님 죄송해요. 오늘은 강의시간이 많아서 늦게 끝났어요. 아참, 내일은 토요일이라 휴강이에요. 어떡하죠? 내일은 지하철에서 선생님을 못 뵙게 되겠으니." 하면서 우스갯소리인지 아쉬운 미련인지 알 듯 모를 듯 농담을 한다.

"윤정이 학생 집은 어디인데요?"
"목동 아파트 단지에요. 그래서 영등포구청역에서 타도

되고 당산역에서 전철을 타도 돼요."
모르는 두 사람이 만나니 할 이야기는 기본적으로 의례적인 말만 할 수밖에 없어서 주상이 먼저 물었다.
"학교는 어느 학과에 다녀요?"
"상경과 4학년이에요."
"그러면 졸업이 몇 달 안 남았네요."
"네~ 졸업하면 벌써 스물네 살이나 돼요. 재수하느라고 늦었어요." 하면서 계면쩍어한다.

"졸업하면 취직도 하여야 하고 결혼 준비도 해야 하니 바쁘시겠네요." 하고 재차 물어보려는데
이때, 커피숍 아르바이트 여학생이 옆에 서서 주문을 요구했다.
"손님 차는 어떤 거로 준비해 드릴까요?"
"선생님 제가 차 한 잔 사 드릴게요. 주문하세요."
그야말로 때 묻지 않고 세상 물정 모르는 온실 속에서 자란 화초와 같은 여대생이었다.
"글쎄요. 무슨 차가 좋을까?"
주상이 망설이고 있으니 윤정이 말했다.
"저녁때이니 부드러운 와인으로 하세요. 저도 와인 한 잔하고 싶어요. 와인 두잔 주세요."
윤정이 주문하고는 말을 이어갔다.
"학교가 끝났으면 도서관에 가거나 집에 일찍 들어가야

지 이렇게 시간을 보내면 쓰나요?"
윤정은 와인글라스를 들어 입술만 축이듯이 살짝 한 모금을 마시더니 의외의 대답을 하였다.
"집에는 들어가기 싫어요. 어디 원룸이라도 얻어서 혼자 나와 살고 싶어요."
주상이 놀라며 말했다.
"왜 그런데요?"하니,
"젊은 엄마하고 서로 마주치는 게 싫어서요."
"그게 무슨 말이에요?"

윤정은 주상을 큰 오빠나 삼촌이라도 되는 양 자신의 고민을 털어놓으며 자기 집 가정사 이야기를 스스럼없이 시작하였다.
"엄마가 2년 전에 돌아가셨어요. 저 하나만 낳고 50에 암으로 갑자기 세상을 떠나시니 눈앞이 캄캄하고 앞이 막막하더라고요. 아빠는 은행지점장이신데 아버지와 단 둘이 일 년을 지내고 보니 집안이 너무 쓸쓸하고 아버지 뒷바라지하기에는 아무것도 몰라 저는 제대로 해드릴 수가 없었고요. 그러다 보니 주변 친척들이 서둘러서 작년에는 아버지에게 이혼녀인 새엄마를 맞아들이게 하셨어요. 저도 동의했고요. 퇴근 후나 휴일에는 아버지가 더욱 쓸쓸하게 지내시는 게 안 되었고 또 아버지는 외동딸인 저를 곱게 키워서 대학교 졸업하면 취직이고 뭐고 다 필요 없이 결혼을 시키려고 하셨어요.

그런데 새엄마가 들어 온 지 일 년이 다 되어오자 전 남편과의 사이에 아이들이 남매가 있었는데 그 아이들이 전라도 광주에서 올라와 우리 집에 있어요. 아버지하고 살기로 약속이 되었다면서 느닷없이 그 아이들이 찾아와서 같이 지내게 되니 여간 불편한 게 아니에요. 이제는 작은 아이는 학교까지 서울로 전학시키려고 해요. 아빠는 늘 아이들 때문에 새엄마와 언성이 오고 가고 다툼이 잦아졌어요. 그 애들 때문에 두 분이 금이 가게 생겼어요.

또 큰 아이는 고등학교를 졸업하고 재수한다고 늘 집에서 배 깔고 드러누워 낮잠 자는 게 일과에요. 그러니 그 애가 꼴 보기 싫어서 죽겠어요. 저도 아빠에게 그 아이들 때문에 옷도 제대로 못 벗고 해서 불편하다고 나가 살겠다고 하니 아빠는 펄쩍 뛰세요. 그 애들이 안 나가면 새엄마도 내보내겠다고 하시고 저를 시집보내기 전에는 절대로 나가 살게 할 수 없다고 완강하게 나오세요."

새엄마 하고는 그동안 사이좋게 잘 지냈는데...저를 친딸처럼 생각하시면서 잘 대해주셨거든요. 그런데 엄마가 그 아이들이 온 후로는 그 애들에게 신경 쓰고 챙기다 보니 아버지나 저에게는 소홀해지고 전과 같지가 않더라고요. 이제는 엄마와도 마주치기가 싫고 그 애들을 보면 열이 나고 스트레스를 받아 못 살겠어요. 이제는 집에 들어가기조차 싫어져서 빙빙 돌다가 저녁 늦게 나마지못해 들어가곤 했어요. 그리고 학교 안 가는 휴일에는 곤욕이에요. 온종일 보기 싫은 사람 얼굴 대하기가 왜 그리도 짜증이 나는지 모르겠어요."

어느새 윤정은 와인을 한두 잔씩 비우면서 자기 가정사와 불만을 다 끄집어내고 있었다. 윤정은 자리에서 일어나기가 싫은 듯이 이제는 주상에 대하여 궁금하다며 선생님하고 부르더니,
"선생님보다는 박사님이라고 부르는 게 좋겠지요? 아니면 작가 선생님? 아니 작가님? 그냥 간단하게 작가님이라고 부를게요."
혼자 말하고 혼자 대답하는 게 아주 애교스럽고 귀엽게 놀고 있었다.

"작가님 사모님은 미인이시겠어요? 사모님이 어떤 분인지 궁금하네요."
여자들의 심리는 다 그런가보다 주상에게 관심이 있는 여자들은 거의 와이프가 어떻게 생겼는지 궁금해하는

속성이 공통점인 것 같다. 이렇게 이성 간에 서로 마음이 맞으면 짧은 시간에도 자석과도 같이 남녀가 서로 붙어 다니며 가깝게 되는가 보다.

"작가님. 일요일에는 무얼 하며 지내세요?"
"나는 노는 날에는 더 바쁘게 지내고 있어요."
"왜요? 무슨 일을 하시는데요?"
"홈쇼핑 사업도 하고 출판사도 하니 소설을 집필해요. 휴일에는 휴식을 충분히 취해야 하는데 평일에는 사업하느라고 눈코 뜰 새 없이 바쁘고 저녁 퇴근 시간 이후나 휴일을 이용해서 책을 보거나 글을 써요. 그 이외는 사업차 출장을 많이 다니기도 하고요."

주상의 말이 끝나기가 무섭게 윤정이
"그러면 작가님 이번 일요일에 시외로 바람 쐬러 가시면 저 좀 데리고 가 주세요."하면서 어리광을 떨고 있었다.
"아니 윤정이는 남자친구도 없어요? 미팅도 하고 MT도 가면 남학생들과 교제할 기회가 많을 텐데 남자 친구하고 데이트하면 될 텐데요."
"걔네는 그저 학교 친구일 뿐이에요. 왜 그런지 어려 보이고 너무나 마마보이들같이 가벼워 보여서 이성적인 감정이 생기질 않아요. 그래서 깊이 사귀고 싶지 않아요. 작가님같이 중후하고 말수가 적고 듬직한 남자가 저는 좋더라고요. 저도 작가님같이 세련된 분이 있었으면 좋겠어요."

주상의 면 전에 노골적으로 말을 해 오니 주상이 도리어 새색시같이 수줍어지면서 어색해졌다.
주상이 저녁 식사나 하러 가자고 일어서며 탁자 위에 놓여있는 계산서를 집으니 윤정이는 계산서를 빼앗으며 말했다.
"제가 계산할게요. 저도 돈 있어요. 아빠가 용돈은 꼬박꼬박 챙겨주시니까요. 하면서 주상보다 재빨리 계산대에 가서 계산을 마치고는 작가님은 맛있는 저녁을 사주시면 돼요."
밝게 웃는 모습이 자유분방해 보이며 즐거워하는 것 같았다.

주상과 윤정은 커피숍에서 나와 2차로 저녁 식사를 하러 식당을 찾았다.
"학생 맛있는 게 어떤 것인지 식성을 모르겠네. 학생이 식당을 골라보도록 해요."
"작가님 학생이라고 부르지 마시고 그냥 윤정이라고 불러주세요. 아셨지요?"
하고는 주상이 머쓱할까 봐 그러는지 주상에게 매달리

듯이 팔짱을 스스럼없이 끼면서 얼굴을 올려다보더니 생글생글 웃는다.
주상은 싫지 않은 짓만 골라 하는 윤정에게 미소를 보냈다.

흐뭇한지 팔짱을 낀 채로 걸어가다가 윤정이가 레스토랑 앞에서 멈춰 서서는,
"칼질하기로 해요."
"그래요." 하며 레스토랑으로 들어섰다.
양식으로 스테이크를 시켜 맛있게 식사를 나누었다.
"윤정이~ 내일 휴강이라고 했지요?"
"네~ 내일이 토요일인 줄 모르고 저는 아침에 전철에서 작가님을 내일 또 뵙자고 인사했던 거예요. 그래서 알려도 드릴 겸 또 전철 속에서는 말씀도 드리지 못하니 이야기도 하고 싶어서 뵈려고 찾아왔어요." 하더니
저는 토요일, 일요일이 제일 곤욕스럽다고 하는 것이었다.

"윤정이~그러면 내일 오전 근무만 하고 오후에 승용차로 강화도 전등사를 거쳐서 등산하고 서해바다 구경이나 해 볼까요?"
"정말요? 그래요."
윤정은 반색을 하며 기다렸다는 듯이 얼른 대답한다.

"강화도는 말만 들었지 한 번도 안 가봤어요. 언젠가는 한번 가봐야지 했는데 정말 잘됐네요."
주상도 윤정이 한 번도 안 가봤다고 하니 기분이 좋았다. 가본 곳을 또 간다고 하면 맥이 빠졌을 것이다.

"그러면 내일 1시까지 아까 그 제일 커피숍에 나와 있어요. 내가 차를 가지고 나갈 테니까요."
"네~ 잘 알겠어요." 하며 유쾌하게 대답했다.
사람은 성장기 환경의 지배를 받는다고 하더니 부유한 집에서 남부럽지 않게 무남독녀 외동딸로 귀엽게만 자란 성격이 그대로 드러나 보였다.
몇 달 후 대학을 졸업하면 인텔리다운 숙녀일 텐데 아직은 사춘기 같은 모습에 엄마 없는 의로움을 달래려는 듯 이성적으로 상대하고 싶은 열정이 살아나고 있음을 짐작할 수가 있었다.

사랑에 빠진다는 것은 극치로 행복에 젖기 때문에, 콩깍지가 씌어 보이는 게 없고 그 누가 무슨 말을 해도 들리지 않으므로 가장 존경하고 사랑하는 아버지까지도 몰래 주상의 곁으로 뛰쳐나온 것이다.
바람둥이 앞에서 여대생이 먼저 꼬리 치니 열 여자를 마다할 리가 없었다.

8. 순결을 받친 윤정의 첫 경험

 윤정을 3일 만에 세 번째 보는 날 정오가 지나 약속한 시간인 1시가 되었다.
윤정은 아버지에게 친구들하고 MT 간다고 말한 후 이미 제일 커피숍에 나와서 기다리고 있었고, 주상은 책을 소재를 얻기 위해 유적지 탐사에 갔다 온다며 집에는 전화로 이야기해 놓았다.

윤정이가 기다리는 제일 커피숍으로 차를 몰고 가서 커피숍 앞 길가에 차를 대놓고 핸드폰으로 윤정에게 나오라고 카톡 문자를 넣었다.
윤정이는 '네 알았어요. 금방 나갈게요.' 대답하고 동시에 밖으로 뛰쳐나오는데 MT 가는 신세대 옷차림으로 다가오는 모습이 잘 어울렸다.
승용차 운전석 옆자리 문을 열더니 냉큼 올라앉으면서 "작가님 별일 없으셨지요?" 하면서 웃으며 인사를 한다.

주상은 윤정이 등에 메고 있던 배낭 가방을 뒷좌석으로 넘겨 던져 놓는 것을 보고는 엑셀레이터를 밟으니 붕~ 하고 미끄러지듯이 떠나고 있었다.
두 사람은 약속이라도 한 듯이 까만 블루진 바지에 까만 면티 차림을 하니 세트로 잘 어울리는 것이 커플처럼 보였다. 이걸 보고 이심전심이라고 말하는 것이 아닌가 싶다.

승용차는 남부순환도로가 끝나는 지점인 김포공항 정문을 지나자 행주대교 입구에서 한강 변 뚝 방 길로 올라탔다. 여기까지만 나와도 콧구멍이 뻥 뚫린 것 같이 서울 시내의 탁한 공기와는 비교가 안 되게 맑고 시원했다.
서울시민의 젖줄인 한강 하류는 넓게 쭉 뻗어 내려 한강 물은 소리 없이 유유히 흐르고 있었고, 서쪽으로 쌩쌩 달려 내려가는 강변 가에는 코스모스가 만발하여 한들거리며 춤을 추니 아름답고 화창한 가을이다.
날씨는 따끈따끈하고 하늘은 구름 한 점 없이 높고 깨끗하기만 하다.

주상은 더 없이 기분이 상쾌하니 고조되어 콧노래가 절로 났다. 윤정이도 멋진 드라이브에 덩달아 좋아했다. 이성에게 한창 묘한 감정을 느껴 싱숭생숭해지니 왠지 자신도 모르게 좋아하는 것이다. 남자와 단둘이서만 호젓하게 있으니 모든 시름을 다 잊고 오로지 뭔지 모를 야릇한 감정만 느껴질 뿐이다.
주상이 윤정이~ 하고 부르며 '기분이 어때?' 하고 물으니 윤정이 '가슴이 확 트이며 살 것 같네요. 이렇게 즐거울 수가 없어요.'라며 대답한다.
두 연인은 별천지 낙원으로 달려가며 그 무엇을 상상하는 듯 보였다.

강변길을 지나서 국도변에 그 유명하다는 한탄강 민물 매운탕집이 보이자 우리 점심으로 별미를 먹을까? 하며 차를 주차장에 세웠다. 식당은 초만원을 이뤄 앉을 좌석이 없고 기다리는 손님들에게는 번호표를 차례대로 내주어 주상과 윤정이도 번호표를 받아들고 대기를 했다. 둘은 공원 벤치에 나와 앉아서 번호를 방송으로 부를 때까지 차례를 기다리고 있었다.
먹는데 돈 쓰는 것을 보면 사람들은 먹기 위해서 사는 사람들 같아 IMF 때보다 더 심한 불경기라는 말이 무색할 지경이다.

주상은 벤치에 앉아서 지루하게 기다리는 윤정에게 식성도 안 물어보고 민물 매운탕을 먹으려고 한 것이 이제야 생각났다.

"아 참. 민물 매운탕이 입맛에 맞을까 모르겠네요."
"무엇이든지 잘 먹어요. 이렇게 많은 사람이 다 먹는데 못 먹을 게 뭐 있겠어요. 한번 먹어보지요"
"뭐? 그러면 처음 먹어보는 거야?"
"네~ 먹어본 기억이 없어요. 가족들끼리 외식을 해도 늘 한식집에 갔고 친구들끼리 모이면 분식집 아니면 카페나 레스토랑에만 갔으니까요."

마침내 '번호 231번 손님'하고 방송 소리가 나와 식당 안으로 들어가 빈자리에 앉았다.
가스 불 위에 찌그러지고 까맣게 그슬려 있는 냄비 속에 메기, 쏘가리, 빠가사리 등 잡탕으로 부글부글 끓어오르고 있었다. 이제 먹어도 되겠다면서 윤정은 빈 그릇 하나를 들더니 국자로 매운탕을 푹 떠서 서방님 모시듯 주상에게 먼저 정성껏 내밀어 준다.

윤정은 벽에 붙여놓는 메뉴판을 힐끔 쳐다보면서 매운탕 속에 들어있는 수제비만 건져서 자기 사발에 담으며 '수제비 추가는 공짜래요. 나는 수제비를 좋아하는데' 하면서 수제비만 먼저 한 사발 건져서 먹었다.
3시가 다 되어서 늦은 점심을 먹는 탓에 몹시 시장기를 느꼈는지 윤정은 수제비를 추가로 시켜서 다 먹고는 바닥까지 깨끗이 빈 냄비만 남겨 놓은 채,

"유명한 집이라 맛이 다르네요. 아~ 얼큰하게 잘 먹었다." 하면서 식사를 끝냈다.

두 여인은 또 다시 승용차에 올라타고 남은 코스를 가기 위해 달렸다.
주상은 윤정에게 테이프 박스를 가리키며 좋아하는 곡을 찾아보라고 하니 윤정은 자기와 이름이 똑같은 장윤정의 노래 '어머나' 테이프 하나를 골라서 카세트에 쏙 집어넣었다. 감미로운 음이 윤정의 마음을 대신하듯 물 흐르듯 울려 퍼지니 음악에 더 분위기가 젖었다.
마음의 문이 활짝 열려 흐느적거리며 무너져 내리는 윤정이의 모습이었다.
연애 시절 눈에 콩깍지가 씌면 그 남자밖에 모르는 법이다.

어머나 어머나 이러지 마세요.
여자의 마음은 갈대랍니다.
안 돼요. 왜 이래요 묻지 말아요.
더 이상 내게 물으시면 안돼요.
오늘 처음 만난 당신이지만 내 사랑 인걸요.
헤어지면 남이 되어 모른 척하겠지만
좋아해요. 사랑해요. 거짓말처럼 당신을 사랑해요.
소설 속의 영화 속의 멋진 주인공은 아니지만 괜찮아요

말해 봐요. 당신 위해서라면 다 줄게요.

유행가 소리처럼 두 연인은 급속으로 사랑을 느끼며 짧은 시간인데도 두 이성 간의 간격은 좁혀질 대로 좁혀져 갔다. 그러니 주상이 가자는 대로 윤정은 내맡긴 듯 아무 대나 졸졸 따라다니고 있는 것이 아닐까?
사람이 사람을 좋아하면 바늘과 실같이 따르기 마련인가 보다.

벼 이삭이 고개를 숙인 황금벌판 김포평야를 지나 산과 물이 어우러져 있는 강화도 섬을 이어놓은 긴 다리를 건너고 있었다.
"이제 여기가 강화도 섬이에요."
"섬 같지가 않네요."
아닌 게 아니라 강화 시내는 인삼, 화문석, 특산물의 고장답게 농촌의 소도시라 어설퍼 보이는 시골이었다.
주상은 윤정에게 특산물 시장을 보여주기 위하여 서로 손을 다정히 맞잡고 인삼 판매장과 재래시장을 거쳐 화문석 시장을 두루두루 구경시켜 주니 윤정은 신기한 듯이 구경을 하였다.

차에 오르니 가을 저녁노을도 져가고 어둠이 깔려 주변은 어둑어둑해지고 있었다.

주상은 저녁 남은 시간을 밤낚시나 해 보려고 하니 언제나 차에 싣고 다니던 트렁크 속의 낚싯대가 생각났다.
"윤정이 낚시해 봤어요?"
"낚시요? 낚시가 그리도 재미있다면서요? 낚시해본 적은 없고 말만 들어봤어요."
주상은 그 언젠가 낚시하러 갔었던 낚시터로 차를 몰았다. 차를 한참이나 몰고 나가 한강 줄기와 서해바다가 서로 만나는 뚝 방 밑 한적한 곳에 차를 숨기듯이 대고 멈추었다. 이제 온 천지는 어둠만이 깔려 적막했고 초승달만이 떠올라 있을 뿐 주변은 온통 조용했다.

간간이 귀뚜라미 소리가 들리는 가운데 어제 아침 전철 속에서 안아보았던 그 감흥과 흥분이 되살아나듯 했다. 내내 오면서 몸이 후끈후끈 달아오르며 피가 끓어 한시가 급하니 참을 수 없었다.
옆 좌석에서 내리려고 하는 윤정이의 허리를 휘감아 끌어안으며 반응을 주시해 보았다. 혹시나 기겁하며 뿌리치면 망신스러워 만약을 염려해 초기 단계에 탐색할 작전이었다.

그러나 윤정은 거추장스러운 숫처녀 딱지를 떼 집어 내버리기라도 하려는 듯이 보였다.

한창 젊은 나이의 열정답게 욕정이 솟구치는지 다 무르익은 몸으로 열이 펄펄 끓어올라 기다리고 있었다.
그러니 누가 누구를 잡아먹는 것인지 분별이 안 될 만큼 서로가 서로를 탐닉하였다.

주상이 입술을 더듬어 들어가자 더운 김을 쏟아내며 예쁜 입으로 받아 넣기 좋게 '헤' 벌려주었다.
주상은 좌석 옆에 키를 눌러 의자를 눕혀 윤정을 넘어뜨렸다.
썬팅이 된 캄캄한 차 안에서 윤정은 숨을 몰아쉬며 지그시 눈을 감고는 주상이 요리하는 대로 다 맡기고 기다리고 있는 자세였다.

주상은 윤정의 감미로운 입술과 혀를 걸신들린 듯 **빨며** 의자에 길게 누워 있는 윤정의 블루진 바지와 속옷을 함께 벗겨 내렸다. 주상도 자기 바지와 팬티를 언제 벗었는지 아랫도리를 다 드러내 놓고 급하게 윤정의 몸 위로 올라타듯이 엎어졌다.
윤정이 사타구니 가랑이를 양쪽으로 문 열 듯 벌려주어 움푹 파인 오목이 속으로 높이 솟은 불뚝이와 코드가 잘 맞는 듯 자연스럽게 넣으니 악~ 하고 외마디 비명을 질렀다.

첫 경험으로 밑에 깔린 윤정은 신음하더니 깊이 들어오는 그 말뚝 같은 것을 무의식적으로 피하려고 엉덩이를 뒤로 **빼**며 움츠렸다. 하지만 욕심을 끝까지 부리려는 방망이는 더욱 기승을 부리며 사정없이 밀어 넣으며 쳐들어가고 있었다. 윤정은 질 속에 통증이 심하여 몸을 움츠리니까 오히려 질은 더욱 좁게 수축하였다.
더욱 아픔을 느끼게 되자 주상의 가슴을 밀어내려고 안간힘을 쓰고 있었다.

그러나 승용차는 풍랑을 만난 듯 출렁대며 바퀴에 펑크가 날 정도로 요동치고 흥분이 고조되어 골인한 골대 속에서는 참지 않고 꿀꺽꿀꺽하며 한참을 게워 놓는다. 주상이 막이 내리듯 윤정의 몸에서 스르르 멀리 떨어지자 윤정은 주상 가슴에 안겨 와 어깨를 들썩거리며 울고 있었다.
이렇게 남자는 여자를 정복한 감흥에 젖어 흐뭇해하고 여자는 자기의 순결을 잃은 것에 대한 허탈감에 울게 되는 것이 숫처녀들의 심리인 것 같다.
주상은 한참을 윤정의 등을 토닥거려 주었다.

윤정에게 차에서 쉬고 있으라고 하고 운전석 문을 열고는 아무 일도 없었다는 듯이 트렁크를 열어 낚시 도구를 챙겼다.

낚시 가방을 둘러메고 강가에 나가 길게 뻗은 낚싯대를 물에 담그고 담배만 피우며 앉아 있었다.
그렇게도 애가 달아 몸이 묵직하던 것이 응어리가 빠져나가는 것처럼 나른했으며 기분은 하늘에 붕 뜬 것 같이 상쾌하여 만족감에 사로잡혔다.

주위는 적막하고 간간이 이곳저곳 먼 거리에서 낚시꾼들의 가스등 불만이 반딧불처럼 비치고 있었다.
낚시 추에는 물고기들이 입질조차 할 기미를 보이질 않았다.
시간은 자꾸 흘러 핸드폰을 열어보니 시간이 자정이 가까웠다. 차에 혼자 있게 하고 나온 윤정이 궁금하여 낚싯대를 늘어놓은 채 차에 가 보니 윤정이 보이질 않았다.

깜짝 놀라 이리저리 살펴보니 윤정이 홀로 달빛을 받으며 저 멀리서 뚝방 길을 걸어오고 있는 모습이 보였다. 윤정은 주상의 얼굴을 대하기가 쑥스러운지 낚시터로 오질 못하고 혼자만의 생각을 하는지 사색을 하는 표정으로 걸어와 마지못해 말했다.
"많이 잡으셨어요?"
부끄러워하는 어투다.
그러자 주상은 고기도 안 잡히고 밤이 늦었으니 자러

가자면서 낚시 도구를 챙겨 가방에 주워 담고는 다시 강화 시내로 나왔다.

저녁 식사를 하려고 식당을 찾았으나 모두 문이 닫혀 있었다. 윤정은 점심을 늦게 먹어 아무 생각이 없는데 뭘 또 식사하려고 하냐고 하였다.
윤정은 주상이 식사만은 빠지질 않고 제때 챙겨 먹는다는 것을 모르고 있었다.

한 몸이 되었던 두 연인은 더욱 가까워져 다정히 서로 손을 맞잡고 모텔 방에 들어섰다.
방으로 들어가 주상은 서 있는 윤정을 끌어 품으로 감싸 안았다. 윤정은 주상의 가슴에 푹 파묻히니 가슴이 벌떡벌떡 뛰었지만 아늑하고 감미로운 편안함을 느꼈다.

성에 길들어지지 않은 여자들은 섹스보다 이러한 스킨십을 더욱 짜릿하게 느끼며 전기가 감전되는 것을 맛보길 원한다. 살을 섞는 일은 성감의 감흥보다는 밑이 얼얼하게 아파서 도리어 성욕이 떨어질 수 있다.
솜털같이 포근하게 포옹해 주는 것만으로도 감미로움을 느끼며 사랑의 감정을 유발하게 되는 것이다.

두 연인은 샤워가 끝나자 이제는 침대 속으로 나란히 정식으로 누웠다.

실오라기 하나 걸치지 않은 벌거숭이들이 넝쿨 얽히듯 서로 엉키니 따스한 피부와 피부가 닿는 촉감은 머리끝이 찡하도록 형언할 수 없는 짜릿한 감정이 엄습해 왔다. 주상은 윤정의 젖가슴에 솟은 콩알만 한 유두를 꿀이 묻은 것 같이 혀로 놀려대며 빨아대었다. 윤정은 당황하여 부끄러운 듯이 몸을 움츠리면서도 성감대가 큰 자극을 받은 듯 몸을 뒤틀며 은은한 신음소리를 내고 있었다.

젊디젊은 윤정의 탄력 있는 피부는 자극을 받았는지 불덩이처럼 활활 달아올라 피부가 데일 것 같았다.

주상의 피 끓는 욕정도 되살아나서 다시 한번 공격 태세를 갖추고 있었다. 주상은 더 이상 기다릴 수가 없이 성욕이 끝까지 차오르자 자리에서 윗몸을 일으키며 윤정을 덮치려 하였다. 하지만 윤정은 주상의 팔을 잡아끌면서 "이대로가 더 좋아요." 하며 매달려서 주지 않으려고 했다.

이미 시뻘겋게 충혈된 주상은 그 정도의 애원으로 가라앉힐 수가 없다는 듯이 윤정의 몸 위로 기어오르고 있었다.

윤정은 마지못해 의무적으로 응해 주는 듯이 받아들이며 주상의 상체를 꼭 껴안았다. 위에서 주상만이 윤정의 입술을 **빨**며 아래에서는 펌프질하듯이 용두질을 쳐대니 길이 나지 않은 윤정이의 아래는 불에 딘 것처럼 고통스럽기만 하였다.

주상도 시간을 오래 끌지 않고 아까 남은 물총을 쏘며 밋밋한 사정만 찌르르 싸고 내려왔다.
주상은 팔베개하고 누우며 정말 남자 경험이 없었던 것 같다고 하니 윤정이 섭섭한 듯이 말했다.
"저를 그렇게 못 믿어요? 선생님이 처음이에요."
윤정이 더욱 품속 깊이 파고 들어온다.

"남자들은 어떻게 그런 것을 알 수 있나요? 우리 친구들은 나보고 아직도 숫처녀 딱지를 달고 다닌다고 조선시대 여자라고 놀려대기도 했어요.
그러면서도 더 가관인 것은 뭔지 아세요? 나보고 촌스럽데요. 내 친구들은 거의 남자친구들이 있고 또 남자친구 있는 애들은 첫 경험을 안 해본 친구들이 없어요. 심지어는 계약 동거까지 하는 애들이 수두룩해요.
그리고 툭하면 싸우고 헤어져서 또 다른 남자친구 사귀고 연애 따로 결혼 따로라고 생각해요. 왜? 신이 내려 준 큰 선물을 받지 않고 거절하겠느냐고 당당히 거리낌

없이 말을 해요."

"그러면 윤정이도 후회하지 않겠어?"
"걱정마세요. 책임지라고 떼쓰지 않을게요."
엄마 없는 외로움을 한 남자로부터 받는 사랑으로 대신하려는 보상심리인 듯 보였다.
"임신하면 어쩌려고."
"약국가서 24시간 내로 먹으면 되는 피임약 한 알 사 먹으면 된 데요. 친구들이 알려줬어요."

주상이 상상도 못 한 말들을 술술 다 털어놓으니 듣고 있던 주상은 말문이 막힐 수밖에 없었다.
"그렇다고 제가 경험이 있어서 그런 게 아니에요. 작가님이 첫 남자예요."
울먹이듯이 말을 맺으며 주상의 품속으로 더욱 파고들었다.
이렇게 두 연인은 강화도에서의 첫 정사를 끝내고 깊은 잠에 빠져들었다.

다음날 오전 늦게 잠에서 깨어나 차를 몰고 전등사를 거쳐 서해안 바닷가 외포리에서 횟감으로 허기진 배를 채웠다.
이곳저곳을 쏘다니다가 저녁 늦게 서울로 돌아오는 길

에 옆 좌석에 앉은 윤정에게 주상이 말했다.
"하룻밤을 자도 만리장성을 쌓는다는 말이 있는데 그게 무슨 뜻인지 알아요?"
"그런 소리는 많이 들어봤는데 그 깊은 뜻은 잘 모르겠네요. 그런 속 깊은 의미를 작가님이나 아시지 보통 사람들이 알겠어요?"

"그러면 그 뜻은 이러하니 들어봐요.
중국 진시황 시절에 만리장성을 쌓기 위해 얼마나 많은 백성이 부역으로 끌려갔겠어. 이제 결혼한 지 며칠 안 되는 시골에 사는 새신랑도 끌려가게 되었지.
그러니 새로 시집온 새색시는 늘 혼자서 외딴집에서 이제나저제나 새신랑이 돌아오기만 기다리는데 미모가 빼어난 새파란 새색시를 남정네들이 그냥 놔두겠어?

더군다나 외딴집에 홀로 살고 있으니 한 남정네가 끈질기게 늘어 붙어서 스토커 질을 한 거야. 열 번 찍어 안 넘어가는 나무 없다고 새댁도 기어코 넘어가고 말았지. 이놈은 하룻밤을 품어 보고는 신이 나서 사족을 못 쓰고 여자가 시키는 대로 고분고분 말을 잘 들었지.

이 새댁은 그래도 새신랑을 못 잊어 꾀를 내게 되었어. 하룻밤을 보낸 그 남자에게 편지와 새 옷을 싸주면서 이것만 만리장성 쌓는 곳에 가서 신랑에게 전해주고 오면 당신하고 평생을 살 테니 꼭 이것을 전해주라고 했어. 또 당신이 돌아오기 전에는 잠자리하지 않겠다고 하고 돌아올 때 잘 받았다는 답장을 꼭 받아오라고 했지.
그러니 그놈은 하룻밤 호강한 맛에 말을 안 들어 줄 수가 없어서 '그래'라고 대답을 하고는 편지와 새 옷을 받아서 부리나케 그 험한 곳으로 신랑을 찾아간 거야.

마침내 그곳에 도착했지만, 신랑을 만나려면 공사장 감독관에게 허락을 받아야만 전해줄 수가 있었어. 할 수 없이 감독관에게 사정사정하여 허락을 받아서 신랑에게 전해줄 수 있었지. 하지만 신랑이 답장을 써야 하는데 지필묵이 없어 공사장 사무실로 빌리러 가려고 했어.

하지만 감독관은 잠시라도 사람 머릿수가 부족하면 자신이 처벌을 받는다면서 사무실에 가서 답장을 써 올 때까지 대신 머릿수를 채워야 한다고 하는 거야. 하는 수 없이 그 남자가 흔쾌히 대신 일을 하고 있었고 신랑은 새 옷과 편지를 가지고 답장을 쓰러 사무실에 가서 아내의 서신을 읽어보았지.

그 남자가 당신 대신 부역질을 하고 있을 테니 그 기회에 오라는 내용이었어. 그래서 신랑은 새 옷으로 갈아입고 그 길로 집으로 돌아왔고, 그 남자는 새신랑이 돌아오지 않으니 꼼짝없이 공사장에 붙들려서 만리장성 쌓는 부역을 하고 말았지. 그래서 하룻밤을 자도 만리장성을 쌓는다는 말이 나온 거야. 알겠어?"
윤정은 그 뜻이 참으로 오묘함을 지니고 있다면서 재미있어했다.

두 연인이 서울에 도착하자 윤정은 잊을 수 없는 여행이라고 고개 숙여 인사를 하고 각자가 헤어져 돌아갔다.

그 뒤에 윤정은 졸업 때까지 주상을 일부러 만나기 위해 전과 같이 전철역에서 기다렸다가 같이 타고 학교에 다니면서 졸업 후까지 만나며 정을 통하였다.
윤정은 어느 날 주상이네 집에 아이들을 돌봐주는 도우미를 불러내어 중국집에서 만두도 사주고 자장면을 사주면서 주상이네 가정사를 요모조모 알아보려 하였다는 말을 나중에서야 들었다.

윤정은 졸업 후 아버지가 결혼하기 전 전공과 능력을 살려 사회 물정을 배우라며 은행원으로 특채로 입사하여 잘 다니고 있다는 소식은 들은 후로는 연락이 두절

되었다.

인생이란 만났다가 헤어짐의 반복이라더니 주상과 윤정도 역사의 한 페이지이자 추억으로 남게 되었다.

여대생 윤정

9. 마마보이 손영길 편

　전박사의 자서전 1권<천태만상>에 기재되기도 하였던 망나니 외아들의 이야기다.
'작가님 제 자식을 서울로 데려다가 사람 좀 만들어 주세요.'
과부는 은이 서 말이고 홀아비는 이가 서 말이다. 는 말처럼 50대 중반의 송 여사는 집이 무려 아홉 채나 되는 재력가지만 자기속으로 낳은 자식은 자기 마음대로 되는 게 없다고 영길이 엄마가 속이 타서 부탁하는 말이었다.

혈통은 못 속인다고 하더니 외아들 영길이는 30이 넘어서도 제 아비를 쏙 닮아 술주정뱅이에다가 개차반이었다. 예의나 겸손이란 찾아볼 수가 없고 지아비 없이 자란 호래자식이란 말을 듣고도 남을만한 짓만 일삼고 다니는 한심한 식충이와도 같았다.

송 여사의 걱정거리는 오로지 영길이 하나 사람 만드는 것밖에는 소원이 없기에 혼내기도 했고 결혼도 시켜 보았다. 그러나 타고난 본바탕은 바뀌질 않고 그대로였다. 날이면 날마다 밤이면 밤마다 술 먹고 싸움질을 하며 말썽이 끊이질 않았다. 그러니 송 여사가 오랜 생각 끝에 주상에게 자기 속내를 허심탄회하게 모두 다 털어놓는다.

부산 앞바다에서 일 년에 한 번씩 훈련하기 위하여 갑판넓이 폭 45m, 군함 길이 300m, 승선 인원 5,000명, 항공기 탑재 75개, 엘리베이터 3개가 달린 67,000톤급 어마어마하게 큰 군함이 미국에서 들어온다.
축구장과 수영장까지 있는 배가 육지에 도착하면 5천 명이 넘는 미군은 벌떼처럼 제일 먼저 날아드는 곳이 텍사스촌이었다.

태평양 바다에서만 몇 개월을 지낸 미군들은 마치 감옥살이에서 석방되는 죄수들처럼 몇 년 굶은 이리떼가 되어 밀물처럼 밀고 들어와 제일 먼저 여자와 술을 찾았다. 서양인들은 한국 여자를 좋아한다고 한다. 그 이유는 밑이 윗 보이기 때문에 정면에서도 잘 맞아 좋다며 자기하고 섹스하던 양공주와 국제결혼하려고 제대 후 귀국 시 많이 데리고 들어간다.

송 여사는 일 년 중 가장 큰 대목을 맞이하게 되고 50여 명의 양공주 아가씨는 공급이 부족할 정도였다.
바에서는 술병마개를 따느라 손이 부르틀 정도니 빈 양주병은 산을 이루듯 쌓여만 갔다.
그러니 달러를 갈퀴로 긁어서 가마니에 담을 정도였다.
이렇게 미군들은 돈을 쏟아붓고 밀물이 빠지듯이 홀연히 떠나갔다.

그 미군들이 머물고 간 자리에는 다시 주둔한 미군 흑인 병사들이 저녁마다 초만원을 이루었다.
양공주와의 정사와 바의 영업은 연중무휴로 불경기가 없었다.
주상은 성매매 특별법으로 인한 집창촌 중에 주한 미군들이 주둔해 있는 지역인 동두천과 송탄 그리고 이태원과 부산 텍사스촌에 취재차 몇 번 들렸었다.

이때 송여사를 부산에서 알게 되어 여러 이야기를 들을 수 있었다.
송 여사의 말을 듣던 중
'송 여사님이 큰 애국자이시네요. 달러가 없어 IMF 위기로 나라가 부도가 날 지경인데 원부자재 자원을 하나 들이지 않고 고스란히 달러만 몽땅 벌어들이니 그게 애국자지요. 국가에 큰 이바지 하고 계시군요.' 하며 주상이 칭찬을 보냈다.

하지만 송 여사는 성매매 단속 이후로 외국인들마저도 발길이 끊겨서 바의 술장사만으로는 손님이 없어 거리가 썰렁하다는 것이었다. 그리고 이런 장사를 하니 사람들이 보는 시선이 곱지가 않아 자식 하나 있는 영길이라도 떳떳한 사업 한번 시켜 보려고 한다고 부탁하였다.

'작가님이 제 자식 하나 어엿한 사업체를 만들어 주십시오. 지도 다 컸으니 어미 곁을 떠나서 사회 물정도 알고 고생도 해봐야 정신 차릴 것 같아요. 옛말에 귀할수록 엄히 키우라고 하듯이 개성상인들은 꼭 남의 집에 보내서 고생을 시켜 본 후에 장사를 시킨다고 하잖아요. 그러니 작가님이 서울로 데려가 사업을 시켜 보세요. 사업자금은 집 한 채 값만 밑천으로 대 주겠어요.'
주상은 난감하였다.

사업은 돈만 있다고 하는 것이 아니다. 더구나 아무런 경험도 없고 매사가 다 그러하듯이 사람의 됨됨이와 사업 철학이 있어야 한다. 그런데 천방지축 개망나니 같은 영길이를 서울로 보내 사업을 시킨다니 우물가에 놔둔 어린아이 꼴이나 다름이 없는 일이다.

그래서 주상은 영길의 모친 송 여사에게 제의하였다.

"송 여사께서 간절히 부탁하시는 말씀에 그 깊은 심정의 뜻은 이해하겠습니다.
그러나 저는 자신 없습니다. 꼭 하시겠다면 영길에게만 사업을 시킨다는 것은 매우 위험한 일이니 마침 제가 잘 아는 전기제품 제조 공장이 오랜 역사를 가진 곳이 있으니 그곳에 투자하고 거기서 경험을 쌓은 다음에 능력이 생기면 단독으로 사업을 시키는 게 좋겠습니다."
"그게 좋겠네요. 작가님만 믿겠으니 그렇게 주선해 주십시오. 그리고 작가님 가실 때 영길이도 서울로 따라 보내겠습니다."
귀한 자식이라도 하도 속을 썩이니 하루라도 빨리 보기 싫어서 떠나보내려고 서두르는 것 같았다.

이야기가 끝나기가 무섭게 핸드폰으로 영길이를 불러내었다.
"내일 아침에 작가님 서울 가실 때 너도 같이 따라가거라. 그리고 작가님이 하시는 대로 그대로 해야 한다. 돈은 네가 다닐 곳에 연락이 오면 통장에 온라인으로 넣어 줄 테니 이제는 가서 제발 정신 차리고 사람이 되어야 한다. 너도 이제부터 서울 사람이 되어 서울에서 어엿한 사업체의 사장이 되기를 바란다. 네 처와 어린 녀

석은 네가 확실하게 자리 잡는 것을 보면 그때 서울로 올려보내겠다."

엄마에게 서울로 가라는 소식을 들은 영길이는 이제부터는 어머니 잔소리를 안 듣고 제 마음대로 제 세상이라는 생각에 얼굴에 만연의 미소를 띠었다.
"네~ 엄마 그렇게 할게요. 작가님을 선생님처럼 친구처럼 잘 따라서 할게요."
"오냐~ 네가 잘 된다는 이야기만 들리면 전 재산을 팔아서라도 너를 돕겠으니 꼭 사람이 되어 성공하였다는 소리를 들어보는 것이 이 어미의 평생소원이다. 그렇게만 되면 이제 죽어도 여한이 없을 것이다."
눈시울을 흘리며 애원하다시피 간절하게 아들 영길이에게 당부하고 있었다.

전 사장은 무거운 책임감을 안고 영길을 데리고 그 이튿날 아침 일찍 서울로 상경하였다.
역에 도착하여 막 바로 마포에 있는 서강 전기 공장으로 갔다.
최진강 사장에게는 전화로 미리 이야기해 놓아 영길을 소개해 주었다.

최진강 '사장은 잘해봅시다.' 하며 명함을 꺼내서 건네

주면서 악수를 청하니 영길이 '손영길입니다. 잘 부탁합니다.'하면서 손을 맞잡고 인사를 나누었다.
최사장은 영길에게 투자가가 되셨으니 이사 직급이라면서 손이사가 앞으로 하실 업무는 제품관리를 하며 관리이사직을 임명해 주었다.

술을 안 마셨을 때는 새색시처럼 얌전한 딴 사람이었다. 그러면서도 약자에게는 강하고 강자에게는 약하여 누구 말도 안 듣고 자기만이 옳고, 최고라는 아집을 갖은 성격의 소유자였다. 또 술에 취하면 180도 딴사람이 되어 주사가 최악인 것을 자신도 잘 아는지 모르겠다. 그 습관이 세 살 버릇 여든 간다고 좀처럼 술을 끊지 못하고 이제는 알코올중독증세 초기까지 이르렀다.

이날은 낮에 점심인지라 식사로만 끝내고 저녁에 술을 못 마시게 하려고 주상은 우선 주상이네 집 건넌방에 재우기로 하였다. 이 방은 방어진에서 마지막으로 헤어진 박지영이가 쓰던 방으로 거기서 며칠간 만 기거하도록 해 놓았다.
그러나 야생마가 울안에 갇혀 지내지 못하듯이 제멋대로 살아온 영길이는 안절부절못하였다.

술도 못 마신 데다가 난생처음으로 마마보이가 어머니

품 안에서 벗어나 마누라와 자식도 없이 남의 집 구석방 한 칸에서 지내는 것이 마치 형무소 안 독방과도 같이 느껴져 술 생각만이 더 간절할 따름이었다.

겨울 하룻저녁을 가까스로 지낸 영길이는 퇴근 후 소식도 없이 집에 들어오지 않았다. 핸드폰까지 꺼져있어 연락할 길도 없고 그렇다고 부산에 송여사에게까지 전화를 해본다는 것은 고자질하는 것과 같아 궁금하게만 기다렸다.

다음 날 9시가 되어 서강 전기로 전화를 해보니 아직도 출근 전이었다. 회사에 출근하면 연락 좀 달라고 경리 아가씨인 미스 진에게 부탁했다.
주상이 출판사에서 일하고 있는데 점심시간이 다 돼서야 60이 다된 최진강 사장으로부터 전화가 왔다.
'전박사 투자도 좋지만 사람 꼴 만들려면 한참 애먹겠네.'
'사장님이 야생마 길들이듯이 잘 길들여 주세요. 사람은 어떤 사람을 만나느냐에 따라 인생이 바뀐다고 하지 않던가요. 잘 부탁합니다.'

10. 하얀 집 요정

 주상은 마치 자기 자식이라도 부탁하듯이 최사장에게 고개 숙여 당부하였다. 점심시간이 지나서야 영길이 회사에 나왔다는 이야기를 듣고 주상은 다른 날보다 일찍 퇴근하는 즉시 마포 서강 전기로 달려갔다.

영길은 주상을 보자 할 이야기가 있으니 같이 나가자면서 나가버리니 주상은 따라갈 수밖에 없었다.
택시를 잡아타고 신촌 로터리 부근에서 내려 뒤따라 들어간 곳은 한식집으로 된 고옥의 요정이었다.
"아니 할 말이 있다더니 웬 요정입니까?"
"술 한잔하면서 이야기할게요."

요정 대문을 밀치고 들어서자 이른 시간인지라 손님은 없이 스산하였다.
곱게 분단장하는 아가씨도 있고, 한복을 곱게 차려입고 앞뒤로 거울에 비춰보면 옷매무새를 고치는 아가씨도 있고, 미장원에 갔다가 불이 나게 뛰어들어오는 아가씨들이 있었다. 검은 정장을 한 청년이 영길을 알아보고는 제왕 대접하듯이 고개를 깊이 숙이며 '손 이사님~ 어서 오십시오.' 하면서 정중히 안내하는 거로 보아 어젯밤에도 이곳에서 한 상 떡 벌어지게 벌린 것이 분명하였다.

그것도 접대하거나 받거나 하는 사람도 없이 혼자서 그러니 오늘 저녁에는 혼자 오기가 쑥스러운지 주상에게 할 이야기가 있다고 핑계 삼아 요정 사람들에게는 접대 손님처럼 보이기 위한 위장으로 이렇게 온 것 같았다. 아늑하게 꾸민 한실에서 방석을 깔고 두 사람이 앉자마자 웨이터가 물었다.
"먼저 송 이사님 술은 뭐로 대령할까요?"
"야~ 임마 내 식성도 몰라 양주지 양주."
"예" 하면서 웨이터가 급히 뒤돌아갔다.

한복을 곱게 차려입는 마담이 미닫이 창문을 살짝 노크하듯 말 듯 하고는 들어오더니 긴 비단 치마를 손끝으로 휘감아 말았다.
"장 마담이에요." 하면서 자리에 살며시 앉으며 말했다.
"송 이사님 아가씨는 어제 그 아가씨를 들여보낼까요?"
"어제 그 연양하고 작가님은 이 집에서 제일 예쁜 영계로 들여보내"
영길이 호기 있게 명령하듯 하니 장 마담은 네 하면서 자리에서 다시 일어나 나간다.

"송 이사~ 그래 할 말이 있다더니 우선 할 이야기부터 말해 보시게. 어머님이 이런데 술 마시러 다니는 것을 보면 얼마나 노하겠어. 이런 곳은 오늘로써 끝내도록 하시게."
"작가님 이 집은 술값이 아주 싸요. 두 당(손님 머릿수) 십만 원이면 술을 가리지 않고 맥주, 청주, 양주 마음대로 골라 마실 수가 있고 아가씨들 팁도 기본 오만 원이면 되니까요."
술 마시는데 도가 튼 사람처럼 술 먹는 것부터 주절주절 이야기하고 있다.

두 사람이면 술값 20만 원에 팁 10만 원 모두 30만 원이지만 밴드 부르고 웨이터 팁까지 주면 대략 저녁 술값으로 60만 원은 날린다.
답답한 주상은 본론부터 이야기하라고 재촉하니 영길은 어젯밤에 여기 연양하고 같이 가서 모텔 방을 장기 계약으로 월 60만 원씩 주기로 하고 지불하고 왔다는 것이다. 작가님의 집에서는 사모님도 있고 도저히 불편해서 잠 한숨 못 자고 뜬 눈으로 새웠다고 한다.

숙식은 자기가 알아서 할 터이니 그리 알라는 말이었다.
그리고 최정강 사장은 아버지 같은 분이라 술 한 잔을 같이 하기가 거북해서 작가님하고 술 한잔하고 싶어서 왔다는 말이 전부였다.
영길은 경상도 사나이답게 남자다운 면이 있어 솔직하였다. 한두 살 먹은 어린아이도 아니니 그러지 말라고 말린다고 될 사람도 아니고 이미 돈까지 지불했다고 하니 편리한 대로 하라고 할 수밖에 없었다.

그렇게 말하는 사이에 두 아가씨가 들어오더니 연양은 영길이 옆에 찰싹 붙듯이 가까이 앉고, 또 한 아가씨는 치맛자락을 바람에 휙 날리니 화장품 냄새를 풍기면서 주상 옆에 앉았다.
"나타샤예요." 발음이 꼬부랑이니 주상은 옆에 앉은 아가씨를 다시 쳐다보게 되었다.
얼굴은 유난히도 백색 피부이고 움푹 들어간 눈은 왕방울같이 커 보이며 코도 조각처럼 깎은 듯이 오똑한 인형처럼 생긴 아가씨는 백계 러시아 출신으로 스무 살 영계였다.

룸살롱에는 외국인 아가씨 호스티스가 있다는 말은 많이 들어봤어도 한국 요정에 치마저고리를 입고 손님을 받는다는 외국인 아가씨는 처음 보았다.
큰 교자상은 백지를 넓게 깔고 그 위에는 오만가지 진수성찬으로 안주가 상다리가 부러지도록 놓여있었다.
교자상 양쪽을 두 청년이 끙끙거리며 들고 들어와서 놓고 나갔다.
요리상을 가운데에 두고 저쪽에는 숫놈과 암놈이 사이좋게 앉아 있고, 이쪽에도 수컷과 암컷이 앉아 있으니 격에 알맞은 방석집 술자리였다.

연양 아가씨가 양주병을 들고 비틀어 따서 주상에게 먼저 술병을 들이밀며 권하니 주상도 앞에 놓여있던 소눈깔만 한 양주잔을 받아 들고 팔을 뻗쳐 내밀었다.
연양은 두 무릎을 꿇으며 반쯤 서서 술잔이 아슬아슬할 정도로 쪼르륵 술을 따르고는 영길에게도 똑같이 술을 따른다.
영길도 술병을 받아 들고 두 아가씨에게 술잔에 가득 따라 주었다.
"자 건배합시다." 하고는 술잔을 높이 치켜올리자 나머지 세 사람도 따라서 술잔을 높이 올려 동시에 술잔을 마주치고 쪼르륵 들이마셨다.

빈속에 첫 잔은 40도가 넘는 알코올이기에 불덩이가 목구멍을 통해 창자로 내려가며 화르륵 화끈거려 불이 굴러가는 것 같았다.
이렇게 한잔 두잔 들이키던 영길은 생각했던 것보다도 술이 약해 벌써부터 본색인 주사가 나오기 시작하였다. 지나치게 술을 먹는 알코올 중독자들의 공통점은 안주를 먹지 않는다. 그러니 술도 일찍 취하기 마련이다. 그리 좋은 안주가 많은데도 젓가락 한번 안대고 옆에 시중드는 파트너 아가씨가 집어서 입에 대주는데도 무슨 고약한 약이라도 입에 넣는 줄 알고 고개를 돌려 외면한다. 그러니 저녁 식사는 술판이 전부이다 보니 건강은 날로 해치기 마련이다.

술에 취한 영길은 자기 어머니 사업이 여기 있는 이러한 불쌍한 아가씨들을 데리고 장사하여 돈을 벌어 먹고 살았다는 것도 모르는 듯했다. 그런 아가씨들 덕분에 자신도 호의호식하며 이날 이때까지 산 것도 의식하지 못한 채 인간 대접이라고는 찾아볼 수가 없이 말은 거칠고 행동은 난무하였다.

영길은 장지 손가락에 반지를 끼고 있다는 의식도 없이 아가씨들의 이마를 툭툭 치니 아가씨들은 이마가 아파서 곤욕스러워하는데도 그 괴로워하는 모습이 재미있다며 더더욱 거칠게 다루었다.
이제는 그것도 모자라서 양이 안 차는지 이번에는 용궁

주 차례라면서 용궁 주 한잔 빨리 달라며 또 손바닥으로 이마를 툭 치니 반지 때문에 딱 하는 소리와 함께 아가씨는 아파서 눈물이 핑 도는 듯 보였다.
이마가 뻘겋게 부풀어 오르면서도 돈이 무언지 울며 겨자 먹기 식으로 아무렇지 않게 넘어갔다.

이번엔 몸을 팔기 위해 일어나서 치마에 허리끈을 풀어 내리더니 고쟁이 속옷도 까내리고 마지막 남은 팬티까지도 훌러덩 벗으니 가운데 새까만 속살의 갈라진 계곡만을 드러내고 있었다.
치부를 다 드러낸 부끄러움에 와들와들 떨면서도 맥주컵을 음부 밑에 바짝 대었다.
이번에는 영길이 차례가 되어 양주병을 들고 일어서더니 젖무덤 사이 가운데 굴곡에다가 양주를 쪼르륵 따르니 물줄기는 양쪽 젖가슴 사이 계곡을 타고 쪼르륵 흘러내렸다.

배꼽 샘에 한껏 채우고는 다시 밑을 향하여 낭떠러지 아래로 굴러떨어지면서 용왕님이 사는 용궁 속을 거쳐 맥주잔에 한 방울 두 방울 뚝뚝 떨어져 모였다.
이렇게 맥주잔의 삼 분의 일쯤 여성 생식기를 거친 양주가 차자 영길이 쭈욱 들이키니 이제야 어려운 관문을 끝났다는 듯이 그 아가씨는 한숨을 '휴'하고 내쉬며 다시 옷을 주섬주섬 입고는 제자리에 앉았다.

영길은 주상 보고도 똑같이 나타샤에게 해 보라는 사인을 보냈으나 거절하고 말았다.
영길은 나타샤에게 '오늘 작가님을 잘 모셔야 해.' 하며 술에 취해 뻘겋게 달아오른 얼굴로 명령하듯 말하니 러시아 아가씨 나타샤는 고개를 끄덕끄덕하면서 무서워 눈만 깜박거렸다.
'작가님이 너를 예쁘게 봐 주시느라고 용궁 주를 안 자시겠다 하니 너는 신고만 해' 하면서 소리를 지른다.

겁에 질린 나타샤는 신고식이 무엇인지 이미 해 본 듯이 상 귀퉁이에 올라서서는 잠자리에서 옷을 벗듯 하나, 둘 양파 껍질을 벗겨내 모두 다 벗은 알몸 나체가 드러났다. 실오라기 하나 걸치지 않은 알몸뚱이 전체를 내보이는 게 신고식이었다.
이쯤 되면 남자들의 쾌락이 극에 치달았다.
한량들은 비싼 돈을 주고 술집에서 젊은 아가씨들을 희롱하는 것이 시각 지향적인 것으로 눈을 자극하여 눈으로 요기를 채우려는 것이다.

그렇게 직업상 치욕을 당한 아가씨들은 여자로 태어난 것을 한탄하며 다시 태어나면 꼭 남자로 태어나겠다고 벼르고 있다. 나타샤의 벌거숭이 된 몸은 백설에 달빛이 비친 듯이 눈이 부셨다. 사람이 아닌 양 마치 살아 숨 쉬는 예술의 그림 한 폭과도 같이 아름다웠다.
주상도 넋을 잃고 바라보고 있으니 영길이 음흉한 미소로 말했다.
"작가님 오늘 밤에 별미로 별식 한 번 맛보시지요."

이렇게 영길은 오던 이튿날부터 제 버릇 개 못 주고 부산에서 하던 그대로였다. 집에서 새는 바가지 나가서도 새듯이 똑같은 개판이었다.
거기다가 더한 것은 해만 떨어지지를 기다리다 신촌에 있는 '하얀 집' 요정으로 하루도 빠지지 않고 출근하여 술을 퍼마시고는 연양 아가씨 소영이를 끼고 하룻밤 몸값으로 30원을 주고 모텔로 직행하는 것이 일과였다.
술값, 팁, 아가씨 값, 숙박료로 하룻저녁 100만 원씩 쓰고 다녔다.

영길을 뜯어말리느라고 쫓아다니던 건장한 주상도 해가 떨어지는 저녁만 되면 겁이 슬슬 나기 시작했다. 일주일 이상을 매일 저녁 독주만 마시다 보니 아침에 양치질하려면 구역질이 나서 속을 버렸다. 영길이 사람 만들려다가 주상이 술 때문에 먼저 쓰러질 지경이었다.
하지만 주상도 나타샤의 나신을 보자 덩달아 끼가 발동

되었다. 이 세상에서 제일 재미없는 일은 남자끼리만 술 마시는 것이라고 하듯이 요정에서 기생들을 끼고 술을 마시면서까지 안방 샌님처럼 점잔 뺄 필요는 없다는 생각에 이르렀다.

으레 술좌석에서는 음담패설이 주류를 이루어야 제맛이며 그게 없으면 앙꼬없는 찐빵처럼 싱겁기가 짝이 없다. 그리고 술이란 같은 술이라도 분위기에 따라 자리에 따라서 술맛이 다른 법이다.
술이 거나해지면 이제는 본색을 드러내면서 방석집에 걸맞게 젓가락 뚜드리며 노랫가락을 부르던지 밴드나 아코디언 악사를 불렀다.
이제는 노래방 대용 기기로 교체되어 마이크 잡고 노래 부르면서 춤을 추며 놀다가 시간이 으슥해오면 팁을 뿌리며 2차로 모텔로 아가씨들을 끼고 나가는 게 순서처럼 되었다.

아가씨들은 하루 저녁에 술자리를 이방 저방 뛰어다니면서 봉사료를 챙겨봤자 그 수입만으로는 어림없는 수입이니 2차를 안 나갈 수 없는 노릇이다.
여기에서도 직업여성들의 잠자리가 각자 다 다르다. 기교의 차이도 다르고 그 감흥도 모두가 다 다르다.
노래방 도우미가 2차 가면 20만 원인데 아르바이트 여대생은 50만 원까지 받으니 2차를 뛰지 않고는 돈을 벌 수가 없다고 한다.
이 집에 '나옥화'라는 아가씨는 잠자리에서 적극적으로 혼신의 힘을 다해 봉사하여 남자 손님들이 좋아하고, 또 자신도 만족한 절정에 오르가즘을 느끼니 잠자리를 같이한 손님들에게 소문이 나서 인기가 좋다고 한다.

이 집에 오는 단골손님들은 나옥화를 먼저 차지하려고 앞을 다투어 난리들이며 옥화 때문에 단골손님들이 늘어나다 보니 여자 하나를 가지고 여러 남자가 그리하므로 동서가 느는 꼴이었다.
또 옥화와는 반대로 정유진이라는 아가씨는 밑에서 엉덩이를 맷돌질하듯이 싹싹 원을 그리고 빙빙 돌리는 기교를 부려 위에서 엎드러져 있는 남자는 힘 하나 안들이고 삽입만 하고 있으면 된다고 한다.

영길이는 노래를 좋아하지 않으니 꿩 대신 닭이라고 오로지 술과 해괴망측한 짓으로만 대신한다.
어젯밤 살을 섞은 송영옥에게도 예외 없이 용궁 주 걸러내는 놀이를 시키고, 아까는 봐주는 듯하더니 술에 취해 러시아 백인 나타샤에게도 똑같이 용궁 주 놀이를 시키면서 즐거워했다.
거기에다 나타샤는 곱게 차려입는 치마저고리가 어색하

지 않게 인형에다 한복을 입혀 놓은 것처럼 잘 어울렸
다. 그렇게 단정하게 차려입는 나타샤의 치마저고리는
짓궂은 손님 영길이에 의해 또 다시 한 올 한 올 흐트
러지며 풀어져 내려갔다. 이제는 마지막 남은 중요 부
분을 가린 것까지도 속껍질 벗겨내듯이 모두 다 벗어내
니 전신에는 걸친 것이라고는 실 한 올 없이 알몸뚱이
뿐이었다.

러시아 여인이라서 여성의 장기가 더 있는 것도 아니고
젖가슴과 가운데 그곳에 생긴 모양은 어느 여자의 모습
과도 다 똑같았다.
그러나 피부와 몸매만큼은 **뼈**를 녹아내리듯이 기가 막
혔다. 피부는 마치 눈사람이나 마네킹이 옷을 다 벗고
서 있는 모습으로 더욱 하얗게 눈이 부셨다.
백인계 러시아인들은 유난히도 피부색이 순백색이며 눈
이 크고 코가 오똑하게 높으며 이목구비가 뚜렷한 점이
특징이다.

이렇게 피부색이 백지장처럼 희다 보니 한껏 아름다움
이 돋보였고 김치나 고추장은 안 먹고 이슬만 먹고 사
는 부드러운 여인으로 느껴지기까지 하였다.
20대 초반의 외국인 기생 나타샤의 다 벗은 나체를 보
고도 욕정이 안 끓어오를 남정네는 아무도 없을 듯하였

다. 포동포동하게 탄력 있고 탐스러우면서도 나올 곳은 봉긋 솟아 나오고 들어갈 곳은 잘록하게 들어간 잘 깎아 다듬어진 조각품 같았다.
머릿결과 눈썹 그리고 무성하게 자란 그곳의 숲은 마치 잘 물들어진 갈색의 갈대숲이 물결치듯 하였다. 그걸 보자 피 끓는 주상의 눈에는 섬광이 번뜩이며 잡식성이라도 되듯이 군침이 돌아서 침을 꿀꺽 삼키더니 오늘밤 특별메뉴 외식에 식욕이 왕성해진다.

그러나 성병이 우려되는지라 나타샤에게는 직접 말하지 못하고 송영옥에게 그동안 여자에 대하여 궁금하였던 것을 빗대어 알아보았다.
"여자들은 섹스할 때 콘돔을 끼면 쾌감이 덜하다고 느끼나?"
"당연하죠. 장갑을 끼고 콧구멍을 후비면 시원해요?"
"그럼 섹스를 할 때 남자와 여자 중에 어느 쪽이 더 깊은 쾌감을 느낀다고 생각해?"
"당연히 여자죠. 콧구멍을 후벼 파면 손가락이 시원해요? 콧구멍이 시원하죠."
"그러면 왜 여자는 강간당하는 걸 싫어하지?"
"사장님은 코딱지를 다른 사람이 후벼주면 기분이 좋아요? 자기 거로 후벼줘야 요리조리 잘 후비니 그게 좋지요."

영옥은 직업적인 면이 있어 말도 잘하였다.
어떤 여자는 되지 못하게 벅시기만 하고 야한 농담 한 마디 받아넘길 줄 모르며 도도한 체만 하는 데, 그런 여자는 잠자리에서도 뻣뻣한 반면 송영옥은 남자 다루는 솜씨가 오랜 주전자 뚜껑 운전수답게 대단하였다.

은근슬쩍 재치있고 매끄럽게 잘도 받아넘기었고 거친 손님 기분 안 상하게 위기를 잘 넘기는 것으로 보아 침대 위에서는 감칠맛 나게 서비스가 뛰어날 것만 같다.
그러기에 어젯밤에 왔던 영길이가 못 잊어서 오늘 밤에 주상을 이끌고 또 찾아온 것이 아니겠는가.
거기에다가 영옥이도 나타샤처럼 잘 꾸몄으니 남자의 시선도 집중시켜 붙들어 맬 수 있고 잠자리에서도 밋밋하지 않으니 한량들의 발길이 끊이지를 않는 게 아니겠는가.

물은 건너봐야 알고 사람은 지내봐야 안다고 하듯이 남녀 간의 문제는 미묘한 것이기 때문에 단둘이만 알아 잠자리도 치러봐야 알 수 있는 노릇이다.
나타샤와의 잠자리는 기대가 크면 실망도 크다고 겉과 속이 딴판인 게 영~아니었다.
외국 여성인지라 더욱 조심스러워서 장화를 두 겹으로 끼워 신고 전투태세를 갖추었으나 나타샤는 죽은 백 돼지처럼 허옇게 널브러져서 날 잡아잡수 하였다.
죽은 고깃덩어리와 같으니 멋대가리가 없고 아무런 감흥이 나질 않았다. 오로지 의무 방어전이라도 하는 여자의 자세로 오 형제 신세를 지는 자위행위 정도일 뿐이었다. 오히려 긴 손가락이나 장가보내고 말았다.

요즘 유흥업소에서는 러시아계 여성뿐 아니라 흑마라고 하여 흑인 여성까지 다양하며 중국, 일본 여성들을 비롯하여 동남아 여성도 인간 시장을 이루듯 각양각색으로 다양하다.
영길이 으레 양주만을 고집하는 이유는 마시는 양이 적어도 취기가 돌기 때문이다. 알코올이 약한 청주나 맥주는 양을 많이 마셔야 해서 아랫도리가 부실한지 그날 밤은 다 큰 아이가 지도를 그리듯 꼭 오줌을 싸기 때문이었다.
'하얀 집' 송영옥은 영길을 매상 올려주는 고객으로 놓치지 않고 또 직업상 자신도 돈을 벌어 보려고 영길과 밤만 되면 그림자처럼 실과 바늘이 되었다.

서강 전기의 최정강 사장도 영길을 열외로 제쳐 놓은 지 오래되었고, 투자한 돈도 주색에 충당하느라고 가불로 야금야금하여 다 빼서 써서 투자가치도 잃어가고 있었다. 천성이 그러한 사람은 머리가 다 큰 지금에 와서 인위적으로 개과천선하기는 물 건너간 것이다.
재산을 모으기보다 지키기가 더 힘들다고 하듯이 자기 어머니가 그 어렵게 벌어 놓는 재산을 외아들인 영길이가 지켜나가기에는 이미 틀린 노릇이다. 그러니 버는 사람 따로 있고 힘 하나 안들이고 쓰는 사람 따로 있다고 화무십일홍 권불십년(花無十日紅, 權不十年)이라고 하는가 보다.

미친놈하고 있으면 같이 미친놈 된다는 것처럼 오히려 돌아버릴 지경이니 주상도 힘의 한계를 느꼈고 역부족이었다.
영길의 버릇은 돈이 떨어지거나 몸이 망가지든지 하여 폐인이 된 후에야 후회할 것이다.
식물도 씨앗이 좋아야 하고 뿌리가 중요하듯이 사람 역시 혈통이 좋고 뼈대가 있는 가문이어야 한다.

영길은 서울에 올라와서 일 년도 안 되어 주색잡기만 일삼다가 다시 부산에 내려가지 않을 수 없었다.
주상은 사이사이에 영길에 모친 송여사에게 상황을 귀뜸해 주고 있었으나 그래도 송여사는 주상에게 끈질기게 매달렸다. 작가님이 더욱 타일러보라며 사람을 꼭 만들어 달라는 것이었다. 집 한 채 값은 이미 다 날린 거로 포기하였으니 거기에 연연하지 마시고 또 한 채 값을 팔아서라도 댈 터이니 서울에서 더 보고 듣고 느끼고 있게 해달라는 부탁이었다.

그러나 영길을 정신 차리게 하는 일은 백치 바보를 천재로 둔갑시키는 일보다도 더 어려운 일이라며 주상은 완강히 거절하였다.
일 년 만에 집 한 채를 거의 날려 버리면서 점점 몸이 망가지고 있을 뿐이니, 앞으로도 집 한 채를 더 판다고 해도 영길을 서울에 머물게 하면 사람이 되기는커녕 더더욱 망가지는 길이었다.

서강 전기 투자에서 남은 것을 정리하여 부산으로 내려 보내 주었다. 두 번째 투자는 송영길 없이 투자받아 1차에 적자인 것까지 보상해 주었다. 큰돈이 된 송여사는 만족하여 주상에게 잊지 못하겠다고 했다.
그 이후 송여사는 귀한 자식 하나 인간 만들려고 마지막으로 술을 끊게 하려고 정신병원으로 보냈다는 소식을 전했다.

이혼당했던 영길이 친부는 폐인이 되어 전처인 송여사에게 가끔 찾아와 손을 벌리나 눈도 하나 깜짝하지 않고 문전박대하여 내쫓았다고 한다.
송여사의 일생이 남편 한번 잘못 만나서 고달픈 생활을

하다가 원수가 되어 찢어지고, 또 그 씨앗 때문에 어렵게 이룬 재산도 날려 버리는 기구한 운명이 이었다.

열매 없는 나무는 심지를 말고
의리 없는 친구는 사귀지 말고
살아나기 위해서는 저마다의 향기와
생명이 있어야만 한다.
향기와 생명이 깃들지 않은 화려함은 오히려 천박하고 경멸스럽다.
좋은 열매는 향기도 좋다.
잘 영근 생명의 씨앗이 그 안에 있다.
사람도 마찬가지다.
좋은 사람에게서는 좋은 향기가 난다.
사람에게 향기가 없으면 생명력을 잃은
열매 없는 나무와 같다.

말을 곱게 쓰는 사람은 마음을 곱게 쓰는 사람이다.
말을 험하게 쓰는 사람은 마음을 험하게 쓰는 사람이다.
말에는 이 씨가 된다고 하듯이 늘 긍정적인 말씨로 부드럽고 감동적인 말을 하도록 하여야 한다.
화류계 여자라 하여 인격을 무시하고 노리갯감으로만 인권을 짓밟는다면 그 자신에게도 악영향이 스며들어

쌓이게 된다.

세계 어느 나라고 접대부 여성은 있다. 직업에는 귀천이 없으므로 하나의 직업이다.

직업여성을 마치 종년을 다루듯이 하는 것은 노예를 시대를 사는 사람과 같다.

사람은 누구나 인권을 존중받아야 하며 인권을 탄압하거나 멸시해서는 안 된다.

사람은 누구나 다 똑같다. 비록 돈이 없이 비천한 직업의 화류계 기생일망정 인권은 있다. 그러니 비록 돈을 주고 서비스를 샀다고 하더라도 인격을 존중해 주어야 한다.

남자의 수명은 짧다. 50세까지는 남녀의 비율이 비슷하지만 80세 이상이 되면 남자는 여자보다 3분의 1만이 남는다. 또 100세 이상의 중 여자가 남자보다 9배나 더 많다. 여자가 자기관리를 잘하기 때문이다. 그러니 자기관리가 핵심이다. 자기관리는 시간 관리이며 시간 관리가 곧 인생의 권리가 된다.

여자도 다시 젊은 날이 온다면 멋진 연애를 한번 해보고 싶다고 후회한다. 남자와 손을 잡으면 큰일이라도 나는 줄 알고 몸을 사렸던 혼돈스럽고 안타까웠던 젊은 날. 이제 문득 지난날을 뒤돌아보니 그 사람이 생각난다. 수염 자국이 파르스름하던 그 남자. 나이가 들어갈수록 지난날에 뿌리쳤던 그 사나이가 아름다운 추억에서 떠오른다. 아~ 아~ 생각만 하여도 현기증이 일듯이 아찔한 그때의 그리움이여. 누구나 다 이러한 아름다운 추억들을 남기도록 하자.

흘러간 강물처럼 추억은 언제나 되살아나 웃음으로 눈물로 그리움으로 흘러 오늘도 가슴을 적신다.
소중했던 추억의 사람을 떠올리며 '당신이 있었기에 오늘날 내가 있게 되었소.' 하며 그리운 사람으로 남겨지도록 하여야 한다.

11. 옹녀 같은 경아

대전시 대흥동 네거리에 주상의 대전영업소 직영사무실이 자리 잡고 있다. 직원은 대전에 거주하는 젊은이들로 남자직원은 영업직원 2명과 매장 책임자로 여대를 졸업한 예경아가 있었고, 그 밑에는 아르바이트 여대생 4명이 제품판촉 활동을 하였다.

직원 7명 중 경아를 실장인 책임자로 두었고, 주상은 월말 수금으로 지방 출장을 갈 때 경부선은 내려가다 들리고 호남선은 올라올 때 들리곤 하였다.
다른 지방은 대리점이나 일반 거래처를 거래하였으나 대전에서는 직영으로 충청남북도까지 대전영업소에서 관장하도록 하였다.

경아는 엘리트 사원답게 업무에 차질이 없이 충실하게 잘 해나가고 있었으며 자기 집일 이상으로 애착을 갖고 성심성의껏 잘하고 있다는 것을 모든 것으로 미루어 보아 잘 알 수가 있었다. 저녁 시간에도 직원들이 들어올 때까지 늦게까지 자리를 지켰다가 모든 일을 다 마친 다음에야 문단속을 끝까지 하고 가장 늦게 퇴근하는 복덩이 같은 직원이었다.

주상이 출장을 내려가 있으면 아침에 출근하면서 으레 먹을거리를 싸 가지고 나왔고 일도 잘해주는 데다가 주상에게 정성을 쏟으니 더욱 예쁘게 보였다.
그래서 주상도 경아에게 별도의 선물이나 보너스를 빠지지 않고 챙겨 주지 않을 수 없었다. 사람은 자기 귀여움은 자기 하기에 달려있다고 하지를 않던가.

언제인가 하루는 선물 꾸러미를 주상에게 내밀어서 이게 뭐냐고 하니까 아버지께서 양봉업이 생업이신데 여왕벌만 먹는다는 '로열젤리'라면서 꿀 병에 그득히 담아 온 것이다. 엄마에게 사장님 갖다 드리게 달라고 하니 엄마도 선뜻 담아주시더라는 것이었다.
아버지는 꽃피는 철에 따라 아카시아 꽃 필 때는 지리산으로, 밤꽃 필 때는 공주 계룡산으로, 유채꽃 필 때는 제주도 한라산으로, 메밀꽃 필 때는 강원도 봉평에 15만평 메밀꽃밭으로 꿀 벌통 100개씩 가지고 옮겨 다니시느라고 집에는 겨울철에만 들어오신다고 한다.

그러면서 로열젤리를 한꺼번에 많이 드시면 취하고 열이 나니 조금씩 드셔야 한다면서 다 드시면 또 드릴 터이니 말씀해 달라는 것이었다.
주상은 미안해서 이렇게 귀한 것을 주셔서 감사하다고 엄마에게 전해달라고 하였고, 아버지께서 그렇게 고생하며 모아 오신 것일 텐데 하면서 너무나 고마워하였다.

양봉 꿀은 많이 나올 수 있으나 로열젤리 꿀은 양이 적게 나온다는 것을 알고 있었고, 태국이나 뉴질랜드 여행 시에도 꼭 빠지지 않고 사 왔던 터라 귀한 선물이라는 것을 알 수 있었다. 전 직원이 모두가 다 경아처럼 주상이 마음에 쏙 들면 사업 못 할 사람은 없을 것이다. 그러나 대전영업소에도 경아와 부원식 영업과장만이 제 몫을 충실히 해낼 따름이다.
부과장도 주상 밑에서 영업을 착실하게 배워가며 일하다가 주상이 물려준 업체를 지금은 제법 번듯한 매장을 운영하며 사장으로 성공하였다.

사람은 부지런하고 노력만 하면 벌거벗겨서 사하라 사막에 내놓아도 잘 살아갈 수 있는 법이다.
똑똑하다고만 해서 경제적인 성공을 하는 것이 아니라 무언가 혼신을 쏟을 줄 알고 창의적 지성을 찾고 결심을 하여야 그 일이 그대로 되는 것이다.
그러기 때문에 자신의 선택에 따라 세상을 궁전으로 또는 감옥으로 만들 수 있는 것이라고 하였다.

일은 사원들이 하는 것이므로 고급인력 엘리트 사원이 필요하다. 근면 성실한 직원을 적재적소에 배치해서 톱니바퀴가 이에 맞물려 잘 돌아가듯이 잘 활용만 한다면 그 기업은 탄탄대로가 될 것이다. 이렇게 남으로부터 인정받는 사람의 성공은 시간문제다. 그러기 위해서는 자기 맡은 바 임무에 책임 완수를 성실히 다하는 습관의 자세를 길러야 한다. 그런 사람에게는 반드시 기회가 온다.

주상이 이미 많은 사원과 거래처 사람을 접해 보았기 때문에 얻어진 결과로 터득한 철학이다.
사람들이 돈을 벌어 성공하려고 하는 것은 거지를 신사로 창녀를 귀부인으로 도적을 제왕으로 만들 수 있기 때문이다.

주상이 경아에게 후회하지 않고 이끌리며 좋아하였던 것은 그럴만한 이유가 있었다.
경아는 일도 잘하지만, 여자로서의 관능미에 탁월하였다. 아마도 이런 걸 보면 이성을 갈구하는 것은 남자나 여자나 다 똑같다는 느낌이 든다.

그러니까 요즘 신세대 청춘 남녀들이 공원 아닌 길거리에서도 남의 이목은 아랑곳하지 않고 눈살 찌푸리는 짓을 마음대로 행하고 있는 것을 보면 알 수 있다.
바라보는 사람이 민망스러울 정도로 아가씨가 머슴아의 허리를 감싸 껴안고 흐뭇한 눈빛으로 지그시 올려다보며 종알거리는 것을 보아도 그렇다.
만약 여자가 그 남자를 좋아하는 감정이 없었다면 남자가 제아무리 꼬드긴다 해도 쉽게 문이 열리지는 않을 것이다.

경아는 눈을 실눈처럼 가늘게 뜨고 웃기를 잘하니 눈웃음치는 것 같았고, 가슴은 유난히도 커서 왕 가슴으로 인해 상체가 가분수처럼 몹시도 커 보였으며 목소리가 잔잔하듯이 마음씨도 착한 아가씨였다.
봄바람이 귀밑머리만 스쳐도 소스라치게 놀라고 가랑잎 굴러가는 것만 보아도 우스워서 배를 움켜잡고 웃어대었고, 낙엽 지는 소리만 들어도 감정에 젖었다.
그러나보다 여성 질병 검사를 받으러 간 산부인과에서도 의사 선생으로부터도 참지 못한다고 몹시 혼나고 나와서는 너무 몸이 예민해서 견딜 수가 없었다고 한다.
이렇게 예민한 여자는 몇천 명 중에 하나라고 그 의사

도 관능미가 뛰어난 명기라는 것을 알아본 것이다.

대학을 다닌 경아가 학교 졸업 후 집에만 있다가 신문광고에 사원모집 광고를 보고는 주상에게 채용되어 근무하게 된 지 얼마 되지 않았을 때이다.
경아가 주상을 윗사람인 사장으로 어려워하는 것이 아니라 그 무엇인가 모르게 야릇한 감정을 느끼는지 자기가 이성적으로 좋아하면 여자들의 태도부터 달라지는 것처럼 몸놀림이 달라 보였다.
예리한 주상의 센스에 감지되어 피부로 확연히 느낄 수가 있었다.

늘 자기 몸치장에 관심을 갖고, 아침 출근 때 입었던 옷을 갈아입으며 연출을 해 보이는 경아에게 다른 직원들이 다 퇴근할 무렵 주상이 말을 걸었다.

"미스 예. 저녁 식사나 같이 하고 가요?"
경아는 반가운 듯한 얼굴을 하면서 흔쾌히
'네'라고 대답을 하더니 묻지도 않은 말을 하였다.
"어머니는 외갓집에 가셔서 안 계셔요."
그렇게 말을 하는 것으로 보아 저녁 식사는 자기 혼자서 해결해야 하는데 차라리 잘되었다는 것처럼 들렸다.

사무실 문을 닫은 두 사람은 봄바람을 쏘이며 저녁거리를 걸어 나왔다. 어디가 좋은가 하고 궁리하던 주상은 경아에게 어디가 좋으냐고 물으니
"'별천지'가 좋아요. 사장님 '별천지' 안 가보셨어요?"
"그래요. 안 가봤는데 어디 한번 가봅시다."
"그러면 택시를 타야 해요. 금산 가는 쪽 변두리에 있거든요."
주상은 경아의 말이 떨어지기가 무섭게 지나가는 택시를 보고 택시~ 택시~ 하면서 세웠다.

'별천지' 느낌이 좋았다.
두 사람은 차에 올라타면서,
"별천지로 갑시다."
하니 택시기사도 잘 알고 있다는 듯이 네~에 하고는 대답을 한다. 택시기사까지도 잘 알고 있는 것으로 보아 꽤나 유명한 집인 것 같았다.
차는 한밭 운동장을 지나 금산 쪽으로 쏜살같이 달려 지나가더니 대전 시내를 벗어나 계곡 다리를 건너서면서 네온사인이 번쩍이며 뒤 덥힌 곳에 차를 세웠다.

숲속을 헤치듯 두 사람이 들어서니 정말 이름에 걸맞게 넓게 자리 잡은 그 속에는 삥 둘러 연못에 물이 흐르고 그 속에는 금붕어가 뛰어놀았다. 정각 위 드넓게 펼쳐

있는 이곳저곳에 놓인 식탁에는 연인들끼리 쌍쌍이 마주 앉아 식사하며 정담을 나누고 있었다.
사랑하는 연인들끼리 같이 하기에 분위기가 살아나는 안성맞춤의 공간인 것 같았다. 주상도 감탄하였다.
"그야말로 이름 그대로 '별천지'네요."
경아도 좋은지 덩달아 흐뭇해하며, 눈웃음을 눈이 감기듯이 사르르 치며 배시시 웃었다.

비단 붕어들이 떼를 지어 몰려다니는 연못 속에 갇힌 듯이 두 사람도 식탁에 마주 앉아 별미인 특식을 하며 시간 가는 줄 모르며 이런저런 많은 이야기를 나누었다.
주상은 경아에 대해 더 알게 되었고 가까워지는 계기가 되었다.
이제 여기서 서로 헤어지면 주상은 썰렁한 모텔 방으로 가서 독수공방을 지내야 하고 경아도 아무도 없는 빈집에 들어가 외롭게 쓸쓸히 홀로 지내야 했다. 아버지는 양봉 치러 산에 계시고 엄마는 친정 나들이에 가셨고 오빠는 직장생활 때문에 타지에 나가 신혼생활을 하는 중이었다.

그러니 절묘하게 맞아 떨어진 기회가 아니라 해도 가마솥에 물 끓듯 남자의 피끓는 욕망과 여자의 원초적 본능과 열정이 맞아 떨어지니 이심전심이 아닐 수가 없다.
저녁 식사가 끝나자 서로 헤어지기가 싫어진 두 연인은 아베크 코스로 보문산 공원을 향해 올라가고 있었다. 등산로에만 가로 등불이 비추며 서 있고 한적한 곳에는 어둠만이 뒤덮여 있었다.

주상은 경아가 숨을 할딱거리며 벅차 하자 주상은 경아의 손을 잡아끌면서 앉아 쉬었다 가자고 숲속으로 같이 들어가 어깨를 나란히 하고 앉았다.
주위는 쥐 죽은 듯이 고요하고 바로 눈앞에는 계곡물 흐르는 소리만이 졸졸졸 들릴 뿐이었다.
주상의 온몸이 화끈거리듯이 뜨거워 오자 여자 앞에서 영웅심을 보이고 싶은 남자들의 심리가 발동되어 몸을 식혀 볼까 하더니 옷을 훌훌 벗어 재끼며 경아의 무릎 위에 올려놓았다. 팬티 하나만 걸친 채로 물이 흐르는 계곡 밑으로 내려가더니 움푹 파인 웅덩이를 찾아내고는 거기에 서서 한쪽 발을 높이 치켜 올려 다리를 **빼**면서 팬티마저 벗어 던졌다.

웅덩이 속으로 풍덩 들어가며, 아~ 시원해~ 아~ 시원해 하면서 두 손으로 물을 떠서 몸에 뿌리며 얼굴을 닦고 있었다.

경아는 그런 모습을 희미하게 쳐다보면서도 재미있다는 듯이 깔깔거리며 입을 벌려 웃었다.
때는 이른 가을철이었지만 밤 기온은 찬물로 몸을 적시기에는 한기가 드는 때였다. 역시 젊은이 좋다는 것이 이런 걸 두고 하는 말이었다.

펄펄 끓는 젊음의 용기는 아무것도 두려울 것이 없었고 만용을 부려도 다 소화해 낼 수가 있다.
주상은 한참을 몸을 식히고 나더니 손수건 한 장으로 가까스로 온몸의 물기를 다 닦고 팬티만 걸치고 나와서 앉아 있었던 자리에 그대로 앉았다.
경아가 '춥지 않아요?' 하고 묻자 주상은 '아이 추워~' 하면서 경아를 느닷없이 끌어안았다.

경아는 놀라지도 않고 오히려 두 손으로 주상의 벌거숭이 상체를 조금이라도 더 덮어 주려는 듯이 푹 감싸 안았다. 그러니 주상의 가슴은 두근두근 뛰면서 전기가 감전된 듯이 짜릿했다.
성욕이 발동되어 고조된 흥분을 걷잡을 수가 없어 고개를 들어 경아의 입술을 더듬으면서 공격해 들어갔다. 경아는 질겁하거나 놀라는 기색은 전혀 찾아볼 수가 없고 오랫동안 기다렸다는 듯이 입술을 내밀며 받아들이고 있었다. 두 남녀는 이제는 연인이 되어 보문산 데이트 코스에 쉼터가 되듯이 자리 잡은 모텔 방으로 들어가 본격적인 정사에 돌입하였다.

경아의 몸은 여자로서 익을 대로 무르익어진 뛰어난 관능미가 명기의 몸이었다. 세상에서 가장 신비스럽고 아름다운 것이 여자의 몸이라고 하듯이 경아의 나신을 보자 주상의 물건은 노여움도 안 타고 낯도 가리지 않으며 아는 집 들어가듯이 고개를 번쩍 쳐들고 잘도 찾아 들어간다.

이미 대학교 학창시절부터 주임교수와 고적 탐사 길에 나섰다가 첫 순정을 주기 시작하였다고 하더니, '성'에는 눈이 일찍 떠져 길이 나있는 지 삽입에 골인이 되기도 전에 아~구구구구 하고 소리부터 내었다.
손쉽게 꼬챙이가 꿰듯이 꿰들어 가는 내내 자극을 못 참아 괴성의 소리가 방이 떠나 갈듯이 요란스럽게 소리소리 지르는 것이었다.

여자는 소리를 잘 내는 것이 명기라고 하듯이 경아도 명기답게 음탕한 소리를 내었다.
절정에 만족한 느낌이 오는지 삽입되어 들어가 있는 동안 내내 오만소리를 다 내고 율동적으로 움직일 때마다 제각각 다른 소리를 내니, 시끄러워서 밖을 의식할 정도이다.
그렇게도 좋을까?
성교 시 그 괴성 소리는 괴롭거나 아픔에서 오는 소리가 아니라 황홀한 만족감을 주체할 길이 없이 어찌할 바를 몰라서 내는 명기의 소리였다.
그래야만 오르가즘도 한껏 달아오르게 되는 여자들의 생리이다.

주상은 경아의 소리를 멈추게 하려고 장대한 물건을 쑤욱~ 하며 동굴 속에서 빼는 순간 더이상은 참을 수 없이 꿀꺽하면서 터져 나오는 사정을 자궁이 아닌 경아의 입속에 처박듯이 밀어 넣어 주자, 다른 여자들도 다 그렇게 하는 줄을 알았는지 섹스의 유경험자답게 불에 잘 데운 우윳빛 같은 그 호르몬을 다 받아 목구멍으로 꿀꺽꿀꺽 다 넘겨 넣는 것이 아니던가. 이렇게 휘몰아쳤던 광풍은 일 막을 내렸다.

이제는 두 사람은 벌거숭이 몸이 부끄럽지가 않은지 욕실을 같이 들어가 서로 비누질을 하고는 뒤엉키어 주상이 경아를 힘껏 끌어안고 높이 치솟아 올리자 비누칠에 미끄럼을 타고는 사르르르 내려오는 피부 마찰의 맛이 유별나게 좋았다.
처음 만나는 여자와는 첫날밤에 으레 그랬듯이 그날 밤

은 밤새도록 잠을 설치면서 거의 뜬눈으로 지새우며 세 번의 정사를 나눈 후 꺼칠한 모습으로 아침 출근길을 같이 서둘렀다.

그 이후 경아 때문에 대전에 자주 내려가게 된 주상은 유성 온천으로 계룡산 동학사나 속리산 법주사로 돌아다니며 정사를 나누었고, 횟수가 거듭할수록 경아는 헤어 나오지 못하게 좋아서 정사 후 소감까지도 솔직하게 낱낱이 표현해주곤 하였다.
'오늘 밤은 너무나 야무지게 공 구워 준 것 같아요. 그게 빠져나올 때는 속살까지 묻어나와 빠져나오는 것 같았어요' 하면서 너무나 만족에 겨워 주상의 품속으로 더욱 찰싹 안겨 오며 애교를 있는 대로 다 떨었다.
지난날 숫처녀였던 윤정이와 관계 시에는 페니가 꼬챙이처럼 생살을 헤집고 뚫느라고 압박을 받아 몇 날 며칠 동안 아랫도리가 뻐근하여 낮에 일을 보면서도 손이 자꾸 아래로 갔었는데, 길이 트인 경아와는 전혀 그런 느낌이 없었다.

무르익은 침실 온도를 팔팔 끓게 만드는 것 중에 외설스러운 대화만큼 흥분제로 효과적인 것도 드물다.
조금 야한 농담 한마디를 세련되게 받아넘기지 못하고 민감한 반응을 보인다면 연애감정이 결여된 여자로 보인다. 반대로 경아가 그렇게 말을 해오면 주상은 경아의 가운데 치모를 다정스리 쓰다듬으며 '여기가 너무너무나 예뻐. 아주 명품이야. 명기야. 오늘 밤 내 몽둥이로 실컷 때려줄 거야. 침을 질질 흘리게 죽여줘도 되지~'하고 말해 준다.

두 연인은 침대 위에 홀랑 벗은 알몸뚱이가 되어서 원색적인 대화를 서로 소곤거리더니 뜨겁게 달구어 있던 냄비 속에 찬물을 갑자기 부어 넣으면 안 되듯이 서서히 후희를 정성껏 하며 끝마무리를 지어주었다.
인위적인 것은 그때뿐이고 자연적인 것이 영원한 것처럼 주상의 신비스러운 곳을 물끄러미 쳐다보고 얼굴을 보면서 말했다.
'이렇게 똑바로 쳐다보기는 처음이에요. 정말 멋지게 잘생기셨네요.' 한다.
분명 경아는 주상을 사족을 못 쓰게 홀리는 데는 충분히 섹시하고 매력 덩어리인 여자였다.

그녀의 어깨 위의 폭포처럼 늘어진 머릿결을 바라볼 때 그녀 안으로 미끄러져 들어가고픈 충동을 가눌 길이 없었고 찰랑찰랑 긴 생머리카락을 좌우로 흔들어대며 말하는 매력은 자극적이며 신선해 보였다.
그리고 머리를 가볍게 흔들며 그 특유의 향을 날려주며

계단을 올라갈 때면 스커트 자락이 살짝살짝 걷어 올라가 흰 허벅다리가 보일 듯 말 듯 하는 행동이라든가, 고개를 숙이며 찻잔을 탁자 위에 내밀어 올 때 뽀얀 가슴 사이에 굴곡이 살짝 들여다보이는 것이라든가, 뒤돌아 앉아서 거울 속을 들여다보며 립스틱을 바르고 입을 오므렸다 폈다 하는 행동, 스타킹을 갈아 신느라고 원피스 자락을 약간 올리며 다리를 의자 위에 올려놓을 때는 마치 전기에 감전되듯이 아찔한 느낌이었다. 남자는 여자의 하얀 종아리나 넓적다리만 보아도 가슴이 뛰고 흥분이 된다.

솥을 미리 달구어야 음식 맛이 제맛이 나서 요리를 하기 전 솥단지가 충분히 달구어진 상태를 만들어야 하는 것처럼 그런 날 밤에는 물이 자연스럽게 흐르듯이, 충분히 흥분이 고조된 상태가 된다.
그날 밤 정사는 주상이 킹카 1위였고, 경아는 여자 중의 여자 명기이자 옹녀였다.

자식이 잘되는 기쁨은 70%의 기쁨이라면 남녀의 잠자리 만족은 87%로 더 높다.
그만큼 인생에서 가장 즐거운 것이 운우지정이라고 말할 수 있다.
그러니 같은 값이면 인생을 두 배로 즐기고 건강해지려

면 섹스가 필요하다.
재벌치고 여성 편력 없는 이는 없다.
그만큼 잠자리의 즐거움이 폭포수처럼 연달아 몰려올 때는 사업 또한 연달아 히트한다.
여자 좋아하여 사업이 망했다는 말은 옛말이다.

12. 시작이 있으면 끝이 있다.

"도망가요."
주상에게 착실하게 자기 일처럼 돌보아 주던 경아가 주상과 남녀관계로 깊어가던 중 종말을 고하듯 말했다. 산부인과에서 진찰을 받고 나오던 경아가 대기실에서 초조하게 기다리던 주상에게 달려오더니 말하는 첫마디였다.

"갑자기 그게 무슨 말이야. 도망이라니?"
"벌써 임신 3개월이래요. 그냥 아기 낳을 거예요."
그 소리에 주상은 벌어진 입을 다물지 못하고 난감하였다. 서울 미자에게 놀란 가슴이 채 가라앉지도 않았는데 또 대전에서 임신이라니, 위기가 닥칠수록 침착하랬다고 주상은 가까스로 냉정을 되찾고 경아를 설득했다.
"지금 우리가 아기를 낳으면 어떻게 되겠어. 병원에 온 김에 중절 수술을 받도록 해요."
그 소리에 경아는,

"안돼요. 죽으면 죽었지. 아기를 뗄 수는 없어요."
완강히 버티며 맞섰다. 그러고는 어깨를 들썩이며 닭똥 같은 눈물을 주르륵~ 흘리면서 주상의 가슴에 얼굴을 파묻으며 매달렸다.
전주 도지사 딸 혜숙이도 그래서 도망갔는데 이번만은 주상은 경아의 마음을 돌리기 위해 며칠간을 경아 곁에 머무르면서 타일렀지만, 성공하지 못하고 서울로 상경하였다.

며칠이 지난 후, 느닷없이 경아의 아버지로부터 전화가 왔다. 빨리 대전으로 내려와서 자기를 만나보자는 것이었다. 주상은 눈앞이 캄캄해지며 '올 것이 왔구나' 하고 직감했다.
경아의 몸이 이상하다는 것을 경아 엄마가 알고는 경아 아버지에게 사실 이야기를 하여 부랴부랴 양봉 일을 하다 말고 산에서 내려온 것이다.
주상은 결자해지라고 일을 저지른 자가 해결한다는 마음이었다.
미룰 일이 아니라 속히 대전으로 내려갔다.

경아는 사무실을 나오지 않고 부원식 과장하고 산에서 온 사람처럼 앉아 있는 사람을 보니 경아 아버지라는 것을 대번에 알아볼 수 있었다.

부과장도 경아가 주상을 무척 좋아하고 따른다는 것을 잘 알고 있었던 바이지만, 부과장에게 자리를 비켜달라고 하고 경아 아버지와 두 사람만 있는 자리에서 경아 아버지는 밑도 끝도 없이 대뜸 경찰서로 가자는 것이었다.
그러는 것이 산에서만 지내서 법률 상식도 모르고 오로지 양봉치는 일 이외는 전혀 모르는 단순한 사람 같이 보였다.

"죄송합니다. 모든 책임을 지겠습니다. 용서해 주십시오."
아무리 간통죄가 없어졌다고는 하지만 주상은 입이 열 개라도 할 말이 없는지라 머리를 조아리며 무조건 사정만을 할 뿐이었다.
그래도 경아 아버지는 자기 다 큰딸을 버려놓았으니 천벌을 받아야 마땅하다면서 주상의 사정 이야기는 전혀 들으려고도 하지 않았다.
경아 아버지가 하도 완강하게 나오는 바람에 주상은 하는 수없이,
"그러십니다. 제가 벌을 달게 받겠습니다."
하며 경아 아버지의 흥분을 가락 앉히려고 제 발로 걸어서 경찰서에 가려고 했다.
"자~ 가시지요."

속으로는 아무런 죄가 되지 않는다는 걸 알고 있었다.

두 사람은 사무실에서 얼마 되지 않는 거리에 있는 가까운 대전 중부경찰서로 경아 아버지가 앞장서 가고 주상이 난감한 표정으로 죽으러 도살장에 가는 소처럼 끌려가듯이 뒤따라갔다.
경찰서 민원실에 고소장을 접수하기 전에 고소장 내용을 검토하는 담당관이 앉아 있었다.
두 사람이 벌레 씹은 얼굴을 하고 들어서자,
"어떻게들 오셨습니까?"
경아 아버지가 먼저 주상을 가리키며,
"이 사람을 고소하려고 데리고 왔습니다."
"고소장을 봅시다."한다.

경아 아버지는 대뜸,
"고소장은 아직 안 써서 없고 이 사람이 제 딸이 다니던 회사의 사장이고 유부남인데 제 딸을 버려놓고 아기를 갖게 해 놓았어요."
"따님이 몇 살인데요?"
"금년에 스물여섯 살이요."
"그러면 저 사람이 성추행이나 성폭행이라도 했단 말입니까?"
"그런 건 아닌 것 같고 우리 집 애 이야기를 들으니 서로 둘이서 오랫동안 그런 짓을 한 것 같아요."
담당관은 이야기를 듣고 나더니,
"그게 무슨 죄가 됩니까? 고소하려면 따님이 결혼했을 경우 사위 되는 사람이 하던지, 저 사람 부인이 따님에게 상간녀 소송을 해야지요. 어르신은 고소할 수가 없어요. 두 남녀가 좋아서 지낸 일인데... 죄가 안 됩니다. 더군다나 간통죄도 없는데 무슨 고소를 해요."

경아 아버지는 머쓱해지면서도 물에 빠진 사람 지푸라기라도 붙들고 싶은 심정으로 그 담당관에게 매달렸으나 아무런 소용이 없었다. 그렇게 당당하게 주상을 끌고 갔던 경아 아버지는 풀이 죽어 경찰서 문을 나서면서, 내가 집을 오래 비워 이런 일이 생겼다면서 뒤도 안 돌아 보고 되돌아갔다. 그러니 주상은 오히려 더 미안하였다. 경아 부모님들을 봐서는 차라리 죄가 되어야 하는 데 하는 생각이 들었다.

그 후 경아는 어머니와 함께 병원에 가서 낙태 수술을 받고는 집에서 꼼짝도 못 하고 갇혀서 지내고 있다며, 주상에게 핸드폰으로 소식을 전해 왔다.
경아의 부모님들은 주상과 다시는 만나지 못하게 하려고 철저한 감시 속에서 두문불출은 물론 핸드폰이나 인터넷까지도 모두 차단하여 이제는 소식이 뚝 끊겼다.

그러고 얼마 후 경아는 구미공단에 근무하는 남자와 결혼을 하여 잘살고 있다는 소식을 들은 것이 전부였다.

주상은 경아가 자기 부모님으로부터 얻어다 준 정력에 효험이 있다는 로열젤리와 전주 도지사 딸에게는 백사주 3병을 열심히 받아먹고는 용솟음치듯 피 끓는 정욕을 다 주체하지 못하여 급기야는 일이 터지고 말았던 것이다.
그 일로 대전영업소 영업권은 부원식 과장에게 영업소를 넘겨주면서 정리하게 되었다.

인간지사 시작이 있으면 반드시 끝이 있듯이 산에 올라갔던 것처럼 산에서 내리막길을 걸으며 하산하여 내려오면서 모두가 제 갈 길로 각자가 제자리를 찾아서 돌아들 갔다.
경아는 집에 두문불출하며 꼼짝 못 하는 동안에도 늘~ 전 사장만 생각하며 부모님이 알기 전에 도망 못간 것을 한탄하였다.

누군가 그리운 사람이 있다면 나는 행복하다.
그 누군가를 위하여 기도해 줄 사람이 있다면 나는 더욱 행복하다.
내가 그를 위하여 기도하고 있다는 것을 그가 모를수록

나는 더더욱 행복하다.
그리운 이여 사랑하는 이여.
그 수많은 사람 중에 내가 그리워하고 사랑하고
기도까지 해 줄 주상이 있다는 게 얼마나
행복한 일인지 모르겠다.
내가 그렇게도 간절히 기도하는 순간 그리움도
사랑도 기도도 함께 나누게 되니까요.
경아는 이렇게 이메일을 보냈다.

주상은 애정 실화소설을 쓰는 사람답게 깊은 시름에 잠겨 이모저모를 깊이 생각해 보고 있었다.
사람들은 성 가이드인 '핫-아영'이나 '오 마이 갓'을 읽지 않아 모르는 사람이 너무 많다.
그래서 성 지식을 자신의 잣대로만 생각하여 그릇된 정보로 잘못 해석하는 경우가 많다.

특히 어린 청소년들이 -19세 미만 구독 불가-인 인터넷 음란사이트에 부모님의 주민번호를 이용하여 몰래 접속하여 잘못된 정보를 얻는다.
노골적인 성행위와 포르노 나체 사진들이 자극적이고 흥미 위주로 보게 되기 때문에 실속 없는 성 지식을 잘못 익히게 되는 것이다.

이처럼 성에 대하여 잘못 인식하거나 전혀 모르고 있다가 나이가 들고 결혼을 하면 저절로 알게 되는 것 같지만 절대 그렇지 않다.
실전을 치러보면 안일하게 잘못 익혀온 것을 나중에야 알게 된다. 그래서 부부의 성트러블이 이혼의 주범이 되는 경우가 날로 늘어나 사회 문제가 되기도 한다.
인생 공부도 중요하므로 준비나 연습이 없으면 내일의 기쁨을 나눌 수 없는 결과를 낳는다.

인생의 새로운 출발인 결혼을 하고 어둠이 깔린 침실로 허겁지겁 샤워하고 들어가는 신랑의 뒷모습을 바라보며 신부는 누구나 기대 속에 깊은 흥분에 젖게 마련이다. 하지만 이는 곧바로 실패로 끝이 난다. 골문 앞에서 골인도 하기 전에 자살하거나 골인을 해봤자 그대로 싸버리는 일이 연속이다.

이럴 때 여자는 다른 남자였다면 ……하다가 한숨을 짓고 미련인지 미움인지 모를 감정의 자락만 남는다.
끝내는 등을 돌리고 마는 아내의 얼굴에는 눈물이 주루륵~ 흐리고 만다.
이것은 남자만 쉽게 극치를 만끽하는 순간 여자는 사랑에 굶주린 채 어두운 방에 갇혀서 흐느끼게 되는 것이다.

하루도 아니고 한 달 두 달 여자의 비극이 아닐 수 없다 보니 남자다운 능력 있는 남자를 만나기 위해서 마침내는 혼외정사를 꿈꾸기 시작한다.
어디 내게 꼭 맞는 그런 남자가 없을까?
어느덧 정숙하고 요조숙녀 같던 아내가 생각이 바뀌게 되면 상황은 급속으로 변하는 것은 시간문제다. 그런 아내가 완벽하게 쥐도 새도 모르도록 바람피우는 능력까지 갖추게 되면 주변 아줌씨들이 마냥 부러워들 한다.

'어머머~ 저 여자 왜 저리도 멋진 거야. 저렇게 멋져도 되는 거야.' 하며 손가락질은커녕 부러워하면서 이구동성으로 감탄사를 보내는 것이 요즘 세태가 되었다.
여자는 생각이 바뀌어 남자 파트너가 바뀌게 되면 긴 무로 김치를 담가도 손맛에 따라 그 맛이 다르듯이 성을 배운 자와 못 배운 자와의 테크닉의 차이가 전혀 다르더라는 것을 깨닫게 된다.

여자 역시도 모든 여자가 다 다르고 또 같은 여자라도 날씨에 따라 다르고 분위기와 장소에 따라 다르며 나이에 따라 다르다. 또 수 천만인의 성격에 따라 다르고, 여자 몸의 단련에 따라서도 다른 것이다.

궁합이 잘 맞는 연인끼리는 눈치나 체면을 보지 않고 열심히 열중하며 즐겁게 즐기는 것이 새로운 광맥을 찾아낸 듯 서로에게 큰 기쁨이며 저절로 입이 딱 벌어지게 마련이다.
이럴 때 연인 사이는 가장 빠른 속도로 친밀하게 가까워지고 서로가 배려, 믿음, 신뢰가 담긴 지긋한 눈빛을 주고받게 된다.
사랑이 무르익어 슬그머니 손을 마주 잡으며 귓가에 따스한 숨결이 와 닿는다.
성적인 만족감은 매사가 즐겁다.

하늘에 나는 갈매기 은빛으로 빛나는 바닷가
모래밭 일렁이는 파도
주홍빛으로 물들어지는 노을
낙엽을 밟으며 걷고 있을 때
첫눈을 함빡 맞으며 눈 자국 위에 발자국을 뒤로 남기며 하염없이 걷던 꿈같은 나날들이 계속되니
더 이상은 아무것도 바랄 것이 없고
마냥 즐거우며 마냥 살맛 나는 세상으로 비춘다.

경아는 외모로 보아서는 그런 기능이 그토록 탁월하다고는 볼 수가 없는, 그 어느 한구석 끼 있는 면이라고는 눈을 씻고도 찾아볼 수가 없는 보통 여자와 다름이

없었다.
그러나 남녀 누구나 성생활이 재미가 없고 시큰둥해져 멀어지면 여자가 거울을 멀리하듯이 인생도 접는 거나 마찬가지가 된다.
한번 시들해진 성은 좀처럼 다시 기사회생하기가 어렵다. 인간의 육체는 쓰면 쓸수록 발달 되어 간다. 기계를 안 쓰고 놔두면 녹슬어서 못쓰게 되듯이 우리의 몸도 부지런히 잘 써야만 잘 돌아가는 것이다.

우리가 첫 경험 때는 뭐가 뭔지 모르지만, 나이가 들어가고 잠자리가 잦아지면서 능숙해진다는 것을 보아도 잘 알 수가 있다.
처음 신랑과의 첫 섹스에서 그이는 몇 번의 키스로 애무를 대신한 후 성급하게 바로 삽입을 시도하려고 애를 쓴다. 한마디로 입구로 못 찾아 쩔쩔맨다. 은연중 손길을 아래로 내려 붙잡아서 인도하며 도와주어도 그이는 자꾸 엉뚱한 곳만 두드리고 만다.

그러다 보니 아내는 순간적으로 아랫도리 깊은 곳에 벌레가 스멀거리듯이 스물스물 스쳐 몸을 뒤틀다 보면 신랑은 이미 자살해버리고 끝나 버린 상태다.
매일 밤 제집 문도 못 찾을 정도로 헤매다가는 겨우 채 일 분도 되지 않아 상황은 끝이 나고 마는 상태가 하루

이틀이지 자꾸 반복되니 이제는 그 자체가 싫어지기 시작한다. 이 와중에 아이가 하나둘씩 생겨나면서, 이제는 어쩔 수 없이 의무적인 잠자리만 하니 잠자리는 생지옥 같이다.

그를 보면 은근히 짜증이 나고 애정은 이미 끊어진 지 오래가 되었다. 사랑이란 식으면 미움으로 바뀌듯이 이제는 남편이 자기 욕심만 채우려 하는 짐승 같이 느껴진다. 섹스도 머리 좋은 사람이 더 잘하며 상대방의 감정과 신체 반응을 잘 읽는 능력이 중요하다.

그러다 보니 밤에 신랑이 요구해 오면 '속이 안 좋다.', '어지럽다.' '생리 중이다.' '피곤하다' 등의 핑계를 대는 날이 많아진다.
이렇게 애정에 문제가 생기면 혼외정사나 이혼의 위기가 닥쳐온다. 만약 그렇지 않고 더욱 격렬한 교성이 난무하는 노골적인 분위기였다면 권태기도 몰아낼 수 있다.

잠자리가 맞지 않으니 부부싸움도 잦아지고 또 부부싸움으로 맥박, 호르몬, 혈압 등 모든 수치가 올라가 흥분하여 스트레스가 쌓이게 된다.
그래서 불행한 결혼 생활을 하는 사람일수록 성인병 걸

릴 확률이 35%나 더 높으며 수명도 남보다 10년 이상 단축된다는 통계도 나와 있다.
원인은 원인을 낳고 예상치 못한 결과까지 벌어지는 등 싸움이 복잡하게 얽히게 되면서 한 해 동안 가정주부가 무려 13,000명씩이나 가정을 버리고 가출을 한다고 한다.

잘 맞는 부부들은 늘 화기애애하여 아내가 주방에서 식사준비를 하면 등 뒤로 살며시 다가가 살짝 끌어안아 주면서 사랑의 신호를 보낸다. 이런 부부들은 섹스 횟수도 당연히 많아져 가정이 화목하다.
신혼 초 3년 동안은 일수 찍듯이 매일 하는 것도 모자라서 새벽에도 하고, 밥상머리에서도 하였는데 나이 들수록 하는 날이 적으니 일생 동안 해야 할 횟수를 신혼 때 하는 경우가 태반이다.

20대는 밥하다 말고 해치우고
30대는 밥 먹다 말고 또 하고
40대는 밥상을 물리고 나서 하고
50대는 후식까지 다 마치면 겨우 미적거리다가 한다.
60대는 하루 밥 세끼 다 먹은 후에 잠자리에서만 한다.

성난 황소처럼 저돌적으로 남편이 공격해 들어오면 식

탁 의자에 앉힌 후 하는 애무는 아내가 거의 까무러칠 듯이 흥분되며 최고의 무드를 연출한다.
이같이 페팅(petting)하는 노력은 달콤한 사과 열매를 따 먹는 것과 같다.

누구나 수준 높은 성생활을 할 수가 있으나 그 차이는 노력에 따라서 천차만별이다. 남자는 장대하게 불끈 서 있는 몸으로 긴 시간 동안 버터 주어야 한다.
한껏 기대에 차 있는 여성의 몸은 밑에 깔려서 눈을 지그시 감으며, 흥분된 콧구멍은 벌름거리고 귀는 빳빳하게 치켜세워지며 입은 헤~ 벌어진다. 젖가슴은 더욱 탱탱하게 부풀 대로 부풀어 젖꼭지는 더 커져서 달랑거리듯 하며, 아래의 무성한 숲속 계곡은 철철 흘러넘쳐 애액으로 다 젖어있다.

오로지 섹스만을 위하여 생겨났다는 음핵은 몸속에 숨어 있다가 남성이 어떻게 생겨 먹은 것인지 구경이라도 하려는 듯이 얼굴을 내밀면서 나와 있다.
쉬 할 때 분수대 역할로 모아주는 대음순은 더욱 나팔꽃처럼 길어지고 온몸은 바짝 긴장되어 쭈그러든다.

아내로부터 이런 소리는 듣지 말아야 한다.
당신이

20대 결혼 후에는 송곳으로 찌르는 것 같더니
30대 장년이 되어서는 몽둥이로 때리는 것 같고
40대 후반부터는 삶은 가지로 쭈글쭈글하게 들이
    미는 것만 같아요. 이다.

소설가는 경험과 상상력이 많아야 글을 잘 쓴다.
그래서 늘 생각하고 많은 것을 경험하려고 애쓴다.
그러나 어떤 이는 잡놈이라고 흉보는 사람이 있는가 하면 또 어떤 이는 능력 있는 놈이라고 부러워한다.
그들이 어떻게 생각하는지는 중요하지 않으며 그래도 많은 독자가 공감해주어서 외롭지 않다.

20대의 사랑은 몸을 섞지 않아도 그리움에 그 한 사람만 보이지만, 30대의 사랑은 정신적인 사랑만으로는 만족하지 못한다. 그래서 육체적 사랑이 중요하여 서로의 체온과 감각을 느끼는 경험이 있어야 안정감과 만족감을 준다.
사람이 이렇게 누굴 좋아할 수 있을까?
사랑이 경지에 이르면 세상에서 제일 살맛이 난다.
그러므로 체험을 글로 쓰면서 표현력이 물에 오르는 이유이다.

13. 바캉스를 같이 보낸 아영

 대전에서 경아의 부모님으로부터 혼쭐이 난 주상은 이제는 그 많은 여자를 단절하고 마지막으로 부산에 있는 아영에게만 안착하게 되었다.
 그러던 중 계절은 또 어김없이 바뀌어 여름이 찾아왔다. 가만히 앉아 있기만 하여도 온몸에서 팥죽 같은 땀이 주르르 흘러내릴 만큼 연일 무더위가 기승을 부리는 여름이다.

 TV 뉴스에서는 기상 이변이 생겨 최고의 무더위가 찾아 왔다고 한다.
 숨이 멎을 것 같이 콱콱 막혀 이것저것 다 팽개치고 더위를 피해 바캉스를 가기로 하였다.
 세상에서 가장 사랑하는 사람 아영이와 단둘이서 도망을 치듯 떠나기로 했다.

 아영도 주상과 함께 휴가를 보내기 위해 자기에게 잘

어울리는 갈색 선글라스를 끼고 세련된 옷차림으로 만반의 준비를 하고는 부산에서 항공편으로 서울로 올라왔다.

작년 여름방학 때도 같이 합치자고 짐 보따리를 들고 와서 열흘간이나 같이 지내며 복더위를 이겨내다가 순간 잘못된 판단으로 맹순이가 되어 도로 짐 보따리를 챙겨 부산으로 내려간 적이 있었다.
그랬던 여름이 세월의 무상함 속에 또 어느덧 일 년이 지나 다시 찾아온 것이다.

주상은 그때 아영이가 돌이킬 수 없는 실수를 하였다며 못내 아쉬움에 섭섭해하였다.
세상에는 어떤 일이고 때가 있고 기회가 있게 마련이다. 찬스를 잃으면 또다시 좋은 기회가 좀 채 다시 얻기가 힘들다는 이치다.

그동안 두 사람은 금년 여름방학 안에는 꼭 합치기를 굳게 수없이 다짐하며 약속을 해왔기 때문에 주상은 아영이 올라오기 3일 전부터 미리 짐을 챙겨 들고 나와서 생활을 하며 기다리고 있었다.
아영도 아영의 아이들은 자기 친정아버지와 이미 합의가 되어 보냈기 때문에 이제는 서울에 와서 같이 지낼

준비를 하였다.
이제 휴가가 끝나면 부산에 다시 내려가서 짐 보따리를 갖고 올라오면 되기에 홀가분한 기분으로 마음이 마냥 들떠있었다.

산골짜기 계곡물이 손짓하며 부르는 피서지를 향하여 출발하였다. 주상은 아영이 그렇게까지 마음을 결정하였다는 말에 더없이 사랑스럽고 고마웠다.
이제는 비로소 완전한 내 사람이구나 하는 마음이 들었다. 그동안은 늘 아이들 문제가 걸림돌이 되어 서운하고 섭섭하게 대하기에 서로 금이 갈 위기를 몇 차례나 겪어왔던 터였다. 이제는 두 연인은 모든 시름을 잊은 채 홀가분한 마음으로 오로지 서로의 깊은 애정만을 느끼며 서울 동부버스터미널로 갔다.

그리고 두 시간 동안 100km를 달려가서 강원도 홍천 시내버스 터미널에 도착하였다. 가는 도중 팔당댐을 지나고 양평을 지나자 계곡과 냇물이 흐르는 곳곳마다 피서객 인파로 꽉꽉 들어차 있었다.
그곳에서 또다시 60km 꼬불꼬불한 강원도 산비탈 길을 헤집으며 한 시간 이상을 더 가니 내면이라는 곳에 당도하였다. 가는 동안 차 안에서는 앞으로의 미래에 대한 새로운 설계를 야무지게 계획하며 꿀물 흐르는 낙원을 반드시 꼭 이루자는 결의와 결심을 굳게 다지며 꿈에 부풀어 갔다.

내면의 면 소재지에서 계곡이 흐르는 곳까지는 또 10km를 양양 가는 방향으로 더 들어가서야 마지막 목적지에 이를 수가 있었다.
주변은 병풍처럼 울창하게 뻗은 높은 산만이 둘러쳐 있어 뻥 뚫린 듯 하늘만이 파랗게 보일 뿐이었다.
이렇게 심산유곡의 옥수같이 맑은 물이 졸졸 흐르는 시냇가 민박 촌에 밤늦게 서야 여장을 풀게 되었다.
서울에서 오후 늦게 출발하였기 때문에 불덩이같이 이글거리며 달구어 오던 태양도 이제 서산에 기울어 넘어가고 휘영청 맑은 보름달만이 접시마냥 둥그렇게 떠올랐다.

짧은 반바지와 슬리퍼 차림으로 두 연인은 손을 잡고 시냇가로 다가가 길게 펼쳐져 있는 모래사장에 머무르니 주위를 둘러봐도 인적 하나 보이질 않았다.
저 밑에 야영 나온 피서객들의 텐트 속에서 희미한 불빛만이 졸린 듯 희미하게 새어 나올 뿐이었다.
오로지 우리를 바라보고 있는 것은 거울같이 밝은 보름달 이외는 아무것도 없었다.

두 사람은 간단한 옷차림이었기 때문에 알몸이 되기까지는 삽시간이었고, 시원한 냇물 속에 같이 뛰어들었다. 사방이 쥐 죽은 듯이 마냥 고요하여 '아이 시원해~ 아이 시원해~' 하는 소리만 났다.

주상이 아영이 등에 듬뿍 비누칠하여 밀어주었고, 아영도 주상을 똑같이 밀어주면서 물을 보니, 맑고 시원한 시냇물은 유난히도 매끈매끈하여 수질이 좋았다.
그렇게 수질이 일급수인 것은 오염이 전혀 되지 않았다는 증거다. 물고기가 생동감 있게 살아 헤엄치고 바지락과 고동이 옹기종기 모여 살 수 있는 천혜의 청정지역이다. 양치질하고 흘러가는 물을 떠서 마시니 그 물맛은 약수 같았다.

그러기에 여름 불청객인 모기가 한 마리도 없으니 우리의 물놀이는 더 한층 즐거울 수밖에 없었다.
오랜 시간 땀을 모두 다 닦아 내고 몸을 식힌 후 모래사장에 어깨를 나란히 하여 꼭 껴안았다.
개운하고 홀가분한 마음에서인지 둘은 금방 온몸에 불이 댕기기 시작한다. 만나기만 하면 시도 때도 없이 뒤엉키면서도 물리지도 않는지 주상은 상체를 틀어 아영을 힘껏 끌어안으며 길고 정열적으로 키스를 퍼붓는다.

쏟아지는 달빛과 졸졸 흐르는 시냇물 소리가 나는 곳에서 주상과 아영은 이글거리는 태양 빛보다 더 강렬하고 뜨거운 정사가 시작되었다.
난생처음인 모래벌판 위가 별천지이고 신선이 살았다고 하는 무릉도원이 따로 없었다. 이곳이 지상 낙원이자 한국의 알프스와도 같았다.

해충 하나 없는 물 좋고 공기 좋은 곳이었다.
주변은 마냥 산소를 내 뿜는 푸른 숲과 울창한 나무만 어우러져 있는 한적하고 오붓한 곳인지라 아영은 후끈 달아올라 아랫도리를 까내려 벗어 던졌다.
주상은 아영이 하나만 걸친 티셔츠의 단추를 푸는 것을 도와주며 풍만한 젖가슴을 숨 막히게 꼭꼭 옭아매는 가리개마저도 풀어헤쳤다.

이제는 더 거추장스러운 실오라기 하나 없이 아영의 알몸만이 중천에 떠오른 달빛에 반사되어 뽀얗고 탄력 있게 눈이 부셨다.
모래 위에 나체로 맨살만 드러낸 채 큰 대자로 누워있는 아영의 모습은 더욱 농염하고 자극적으로 보였다.
마치 한 폭의 명화처럼 예술적이며 숨 막히는 포르노의 한 장면이 아닐 수가 없었다.
여자 나이 34세이니 최고로 성에 눈뜰 때이다.

주상은 내려다보는 것만으로도 숨이 헉헉 막히고 질질 쌀 지경이었다. 한편으로는 가려진 것이 아무것도 없는 드넓은 대지 위에서 이렇게 정사에 임하니 당혹스러움도 없지 않았다.
밑에서는 빨리 정복되기만을 바라는 아영에게 아무리 테크닉이 뛰어난 주상이라도 제대로 실력 발휘를 할 수 없는 열악한 환경이었다.
양 무릎이 모래에 가시가 찔리듯 따가워 주상의 크디큰 것이 이글거리며 독이 오르고 명도라 하여도 자연히 감흥이 반감되었다.

그런데도 아래에 널브러져 있는 아영은 주상이 휘두르는 명도의 칼날에 맞아 녹초가 되어 큰 울부짖음을 자아내었다. 모래판 위를 빗자루로 쓸 듯이 머리채를 이리저리 휘둘러 대며 어지르고 흐트러지며 무너져 내렸다. 더 깊고 꽉 채우기 위해 아영은 양팔을 내리더니 양손으로 양쪽 발바닥을 바짝 끌어당기니 주상의 피부 속을 파고들 듯이 밀착해 들어왔다.
단발의 외마디를 지르며 클라이맥스의 오르가즘의 표현으로 보아 여러 번의 절정을 크게 느끼고 아주 만족하여 황홀하다는 것을 알 수 있었다.

이렇게 장소가 열악한데도 구애받지 않고 시도 때도 없

이 황홀한 만족을 만끽할 수 있는 것이 여자는 가능한 일인지 정말로 불가사의하며 신비스러운 우주의 세계라 할 수 있다.
아영은 그래도 아쉬운 듯 애절한 목소리로,
"아빠~ 아빠가 이렇게 좋을 줄 정말 몰랐어요. 이제야 처음 알게 되었어요. 이제 완전한 여자로 다시 태어난 것 같아요. 이젠 우리 이렇게 단둘이만 살아요. 그리고 아기도 낳고요. 아빠~ 나 영원히 버리지 않을 거죠? 나 버리면 그 자리에서 죽을 거예요. 알았지요? 수고하셨어요. 고마워요. 정말 행복해요."
환희에 젖어 행복함을 의미하는 찬사를 연발하였다.
이보다 더 좋은 낙원은 없지 싶었다.

연지리' 같은 사랑!
"두 나무의 뿌리가 하나로 합친 것 같아 갈수록 더 미치겠어요. 내가 이렇게 변해간다는 것이 무서워요."
이것은 음양의 이치로 세상이 생기고 그 화합하는 힘으로 만물이 생겨나 천지를 채우는데 어찌 이것이 연지리 같은 사랑이 아니겠는가.
주상은 그 열악한 모래 위에서 깔고 덮는 것도 없이 이렇게 뿌듯한 사랑의 소리를 들으니 아영을 수없이 작은 죽음으로 몰고 갈 수 있었던 것이 아니겠는가. 대단한 명도의 솜씨라고 할 수 있다.

주상은 평상시에 늘 불기둥 쑥뜸을 단전에 열심히 하고 마카를 장기복용하며 열심히 연마하였더니 기량이 돋보였던 것 같다.

여자는 어떤 사람을 만나느냐에 따라 불감증이 되거나 아니면 하루에도 30회 이상 절정을 느낄 수 있다.

강원도 홍천에서 (아영 34세)

빛이 쏟아지는 보름달 아래 심산유곡의 흘러가는 물소리에 하모니를 이루어 영원히 잊을 수 없는 추억을 만들고는 이슥한 밤 2시가 되어 모래를 털며 일어나서 숙소로 돌아왔다.
민박 촌에는 이미 민박을 온 손님들의 코 고는 소리가 들창문이 흔들릴 정도로 깊은 잠에 빠져있었고, 우리 방만 텅 비어 방주인이 와서 채워주기만을 기다리고 있었다.

아영은 주상의 팔베개에 눕자마자 이내 곯아떨어졌고 무슨 말인지 말도 되지 않는 잠꼬대를 읊어 대며 단잠을 이루었다.
잠이 보약인 양 피곤한 피로는 오고 간데없이 가뿐한 몸으로 아침에 눈을 뜨자, 주상의 대물을 한 움큼 쥐고 있는 아영의 모습을 보니 신기해하는 듯 보였다.
"아빠~ 내가 밤새도록 아빠 거 이렇게 잡고 잔 거 맞아요?" 하며 의아스럽게 물어본다.
"잠들기 전에 쥐고 자는 것은 보았는데 지금까지 쥐고 있는 것을 보니 밤새도록 붙잡고 잔 것이 맞는 거지."
아영이 어처구니가 없다는 듯이 키득키득 웃는다.

방문을 열고 나오니 아침 공기가 맑아 콧구멍이 뻥 뚫리듯 시원하며 상쾌하여 거뜬한 기분이 느껴진다.

앞마당 텃밭에는 유기농으로 재배한 무공해 신토불이 오이들이 주렁주렁 달린 것이 남성의 그것처럼 길게 축 처져 있었다.
민박 촌 주인집에서 아침상을 고향 시골밥상처럼 차려 내왔다. 토종 된장에 텃밭에서 방금 따온 오이와 풋고추를 찍어 먹으니 밥맛이 더욱 좋았다. 거기에 호박 무침에 쌈 싸 먹는 고추장 맛은 옛날 고향 집에 와 있는 착각이 들었다.

맛있고 배부르게 아침 식사가 끝나자 이글거리는 태양은 용광로 같은 불을 쏟아낸 듯이 화끈하게 열기를 뿜어내었다.
주상과 아영은 더위를 피하려고 어젯밤 잊을 수 없는 정사를 하였던 그 계곡을 다시 찾아 나섰다.

이곳 민박촌 작업장에서 약 4km를 더 깊이 산속을 헤치며 들어가니 유난히도 더운 여름날이라 그런지 매미들의 울음소리가 더욱 청승맞게 크게 울어댔다.
선녀가 목욕하였다는 옥수 같은 물이 가득 넘쳐흐르는 계곡의 웅덩이가 나타났다.
우거진 숲은 하늘 한 조각 보이지 않게 가려져 있고 계곡은 한기가 느껴질 정도로 서늘하기만 하였다.

아랫마을 작업장 주민들의 천연 생수로 사용하는 상수원이므로 오염을 방지하려고 출입을 삼가야 하는 곳이어서인지 자연 그대로 보존되어있는 계곡이었다.
이름이 작업장이라고 붙여진 것은 일제 강점기에 울창한 나무를 베어 이곳에서 총대 개머리판을 만드는 작업을 하였다 하여 붙여진 마을 지명이다.

선녀 계곡은 더더욱 청정지역의 요새였다. 울창한 나무숲에서 바위틈을 비집고 흘러나온 옥수는 계곡으로 모여 유유히 흘러가는 생명수였다.
이곳을 찾아 올라오느라고 흘린 땀을 씻기 위해 두 연인이 함께 손을 담그니 얼음물이 녹아내리듯 뼈가 시리도록 저렸다.
계절을 잊을 만큼 소름 돋게 하는 선녀 계곡은 모든 시름을 다 잊게 하는 무릉도원과 같은 심산유곡이었다.

그 깊은 곳에서 사랑이 넘치는 두 사람이 3일간의 짧은 망중한을 즐기는 중이다.
민박 촌은 옆방에서 코 골고 부스럭거리는 소리마저 다 들리는 재래식 한옥이라 요란스러운 소리를 내는 우리들의 정사는 꿈도 꿀 수 없는 노릇이었다.
흐르는 물과 만년을 씻겨져 반들거리는 바위뿐인 계곡은 아무도 보는 이가 없는 한적한 곳이기에 두 연인은 본능적으로 불을 댕기고 있었다.

물이 좋고 공기가 좋아 싱그러워서인지 욕정은 그 어느 때보다도 더 빨리 끓어올랐다.
하지만 주상에겐 어젯밤 그 모래밭 상황보다도 더 열악한 환경이었다.
딱딱한 바윗돌에서 비벼대니 다른 우주 세계에 와있는 느낌이었다. 황홀한 절정의 쾌락을 수차례나 맛본 아영은 이 세상에서 이보다 비교할만한 것이 없을 것이라며 아빠를 잊을 수 없는 남자라고 또 말한다.

난생처음 시냇물 흐르는 모래밭에서 그리고 또 계곡물 흐르는 바위를 침대 삼아 깊은 산속에 두 사람만이 파묻혀 기량 껏 다 해보는 정사의 묘미는 또 다른 맛의 의미를 부여해 주었다.
그러니 아영은 우리 더도 말고 덜도 말고 이 세상 다할 때까지 이렇게 좋은 것만 즐기면서 살아보자고 부르짖는다. 한평생 이러한 추억은 두 번 다시 없을 것으로 영원히 기억될 것이다.

성은 하면 할수록 더 발달 되어 가고 그 쾌락에 횟수는 더 해가니 질과 양이 충만한 것 같다.
주상의 비결은 앞장에서 말하였듯이 불기둥 쑥뜸이었고

아영의 비결은 근육 케겔 운동기구인 야생마를 꾸준히 해온 것이 원인이었다. 그래서 최고의 여인인 명기로 탄성을 자아낸 것이다. 문의 010-8558-4114

주택이나 아파트에서는 아이들의 뒤척이는 소리 이웃집에서 들려오는 기침이나 소음에 불꽃이 피다가도 사그라지던 것이 탁 트이고 드넓은 대지 위에서 그 누가 뭐라 하는 사람 없이 둘만이 호젓하게 마음껏 즐길 수 있어서 더 황홀했던 것 같다.
집에서는 걸림돌이 있어 신경이 딴 곳에 쓰이면 여자는 짜증스럽고 절정을 느끼기 힘들다.
가슴이 답답해지고, 뭔가가 치밀어 오르며 불안하여 노이로제가 걸린다.

그러다 보면 섹스를 기피 하게 된다.
옛날에 우리 어머니와 조상들은 열악한 주택환경 때문에 성생활은 오로지 번식본능에 의한 의무적인 잠자리뿐이었다.
남자는 심리적인 억압으로 발기부전이 찾아오기도 하며 주위에 눈치채지 못하도록 빨리 끝내려고만 서두르니 자기 욕심 채우기에만 급급했다.
그래서 부부가 사랑 없이 정만으로 살게 된다.

이 세상에서 제일 사랑하며 가장 가까운 사람과 오로지 단둘이 오붓한 시간을 보내기 위해 가볼 만한 별천지는 무릉도원인 강원도 산골이 제격이었다.
가을에 단풍이 절경을 이룬다고 하니 낙엽 지는 가을에 다시 한번 같이 가기로 약속하며 짧은 휴가를 끝내고 본 업무로 복귀했다.

꽃은 아무리 고와도 차갑습니다.
그러나 아영의 얼굴은 따뜻합니다.
그냥 바라보기만 해도 따뜻합니다.
아영의 입술은 얼마나 더 따뜻한지요.
아영의 입술은 가만히 다물고만 있어도
많은 따뜻한 말들을 속삭여 줍니다.
샘물처럼 가슴에 고여 있는 따뜻한 마음
그것은 꽃향기와 같습니다.

삶이 외로울 때 허전할 때 지쳐있을 때 온종일 떠올려도 기분이 좋고 사랑의 밧줄로 동여매고 싶어 내 마음에 가득 차오르는 내가 좋아하는 이와 이 지상에서 함께 살고 있음은 기쁜 일입니다.

주상이 그 많은 여자 중에 가장 못 잊는 아영은 8년간 연인 사이로 지내면서 만났다 하면 단 하루도 섹스를 거른 적이 없으며 으레 9회~15회 이상 때로는 30회까지 절정을 느끼는 것은 기본이며 괴성을 잘 지르는 명기였기 때문이다. (실화소설 '아영' 본문 중에서)

수많은 여자가 거쳐 갔지만, 원망하거나 말썽이 생기거나 문제 삼는 여인은 없었다.

또, 주상과 사랑을 나눈 여인들은 하나같이 모두 다 잘 살고 있다. 인생을 즐길 줄 아는 지혜 있는 여자였기 때문이다.

여자 중의 여자 아영

14. 의처증에 시달린 봉순

　유난히도 눈이 많이 내리고 칼같이 춥던 어느 겨울날 저녁 퇴근 무렵에 주상의 사무실 문을 밀치고 들어서는 여인이 있었다. 30대 중반이 채 안 되는 듯한 여인은 허름한 밤색 반코트 차림에 한쪽 손에는 핸드백과 또 한 손에는 어깨가 축 처져 내려앉을 정도로 무거운 비닐 가방을 들고 있었다.

아마도 시골에서 올라와 새벽 열차에서 금방 내린 사람 같았다. 얼굴은 밉상은 아니지만 어딘지 모르게 구름이 낀 듯이 어두워 보였고, 수심이 가득 차 있는 인상을 주었지만, 유순한 게 착해 보였다.

어떻게 오셨습니까? 주상이 의아해서 물으니
뼈대가 좀 굵고 보통 여자보다는 몸집이 큰 여인은 이미 스스럼없이 오래 지낸 사람처럼 임의롭게 말했다.
"협회 회장님이 가보라고 해서 왔어요"

첫 대면 하는 남자에게 어려워하거나 쑥스러워하는 기색이 전혀 없는 거로 보아 많은 사람을 대해보는 직업을 가졌거나 그렇지 않으면 무식하여 뻔뻔스럽기 때문이라는 생각이 들었다.

협회 회장이 보낸 여자라면 미용 업에 종사하는 사람이었다. 일전에 정 회장에게 레이저 마스크 판매를 위해 잔주름제거, 잡티제거 그리고 탈모방지에 관해 미용 강의할 강사를 부탁한 바가 있기에 직감할 수 있었다.
하지만 여자의 외모로 보아 알쏭달쏭했다.
소파를 가리키며,
"앉으세요" 하고 양쪽에 마주 앉아서 대화가 시작되었다.
앉자마자 그 여인은 자기소개부터 하였다.
"전북 남원에서 온 황봉순이예요"
"아~ 예 그러시면 강사분이신가요?"
"네. 강사를 구하신다고 해서 남원에서 올라왔어요"

주상은 어이가 없었다.
"아니 미리 전화도 해보고 오시지 무조건 오시면 어떻게 하십니까?"
"올라만 가면 다 되는 거로 생각하고 왔지요"
이미 약속이라도 되었다는 듯이 말을 한다.

이력서를 보자고 하니 다급하게 준비한 듯 졸필로 쭉 써 내려온 여자중학교 졸업, 미용실 운영, 다단계 사업자 경력, 체험실 강의 경력, 현주소 남원시 산내면, 이름 황봉순 나이 34세 이게 전부였다.
이력서를 다 훑어내려 읽고 난 후 주상이 물었다.
"황봉순씨
"예
"왜 미용실까지 운영하신 분이 남의 집에 취직하려고 해요?"
"남원에서 몇 년 동안 단골손님이 많아서 미용실이 잘되었는데 그만뒀어요."
봉순은 궁금해지는 말만 한다.

"그게 무슨 말이에요, 잘 되었는데 그만두었다니요?"
"이년 전에 이혼하는 바람에 작년에 팔았어요."
"이혼하였다고 잘 되는 사업체를 그만두면 되나요?"
"초등학교 다니는 남매가 있어 전 남편이 양육하기로 합의 이혼했는데 이혼 후 전 남편이 자주 찾아오고 아이들도 학교에 갔다 오다가 늘 미장원에 찾아와서 그 자리에 그냥 있어서는 안 되겠다는 생각이 들어 다른 곳으로 떠나려고 처분했어요."
"그러면 다른 지방으로 옮겨서라도 전공을 살려서 그 좋은 기술을 발휘해야죠?"

"잠시 쉬고 싶어서 놀고 있는데 이모님이 다단계 사업자를 자꾸 권하기에 손을 댔다가 모두 날렸어요."

"어린 애들이 남매까지 있는데 왜 이혼하셨어요? 그러니 이런 고생을 하지요."
"지리산 뱀사골에서 화전민으로 가난하게 살다가 미용실 시다로 일하며 마용 기술을 배워 자격증을 땄어요. 그래서 남원 시내로 내려와서 미용실을 개업하였는데 오토바이를 타고 미용 재료를 대주던 남자와 결혼해서 8년간 사는 동안 지옥 같았어요. 이혼하고 나니 사람이 살 것 같아요."

"그게 무슨 말이에요?"
여기까지 말하던 주상이 저녁 시간이 늦어지니 식사 때를 놓치면 공복감을 못 참는 체질인지라 자 여기까지만 이야기하고 저녁 식사나 하면서 이야기를 들어보자고 말했다.
두 사람은 자리에서 일어나 식당으로 옮겨서 저녁 식사를 끝내고 그 자리에서 하다만 이야기를 계속하였다.
봉순은 어찌 된 일인지 자신의 사생활을 처음 보는 남자가 묻는다고 모두 다 털어놓는 것이 특이했다.

"봉순씨 아까 이야기하다 만 것을 계속해 보시지요, 왜 결혼 생활이 재미있어야 하는데 지옥 같았는지요?"
"네 사장님이 흉보지 않으시려나 모르겠어요, 신랑이 의처증이 도를 넘어 병적이었어요. 그래서 우리 친구들도 모두가 저런 남자하고는 끝까지는 도저히 못 살 거라고 했어요."
"신랑에게 의심받을 만한 일을 했나 보지요?"
"절대 그런 짓은 단 한 번도 없었어요."

"그런데도 의심을 해요, 무엇인가 어느 구석 한곳이라도 석연치가 않았던 게 아닌가요?"
"아니에요. 결혼 전에는 몰랐는데 결혼하고 나니 그 집안 내력이 그런가 봐요. 그 사람 여동생인 시누이도 의부증이 심하여 결국은 그 여자도 이혼했어요, 자기 남매도 자신들이 알아요, 그러지 말아야 하겠다고 다짐하였다가도 그게 안 된다는 거예요."

혈통인 유전을 후천적으로 고쳐 나간다는 것은 흑색인종을 백색인종으로 바꾸어 놓는 것만큼이나 불가능한 일이다. 유전이란 부모로부터 자손에게 생물학적 특징이나 형질이 전달되는 현상을 말한다. 그러므로 부모의 유전자(DNA) 속에 들어있는 외모, 성격, 습관 등이 자손에게 그대로 나타난다.

"그러면 얼마나 의심을 하고 괴롭혔는데요?"
"오토바이를 타고 수시로 미용실 안을 들여다보고 가요, 내가 있나 없나 하고요, 그것도 모자라서 금방 확인하고 간 사람이 또 전화가 와요, 지금 어디에 있고 무얼 하느냐고요"
"너무 사랑해서 그러는 게 아니겠어요?"
"아니에요, 너무 사랑한다면 그렇게 밤새도록 달달 볶고 때릴 수가 있어요"
주상이 깜짝 놀랐다.

"폭력까지 했어요?"
"지나가다가 잠시 보이질 않으면 밤새도록 어디 가서 어떤 놈하고 무슨 짓을 한 거냐고 꼬치꼬치 캐물어요. 잠시 은행이나 친구 만나서 이야기하느라고 차 한잔 마신 시간까지도 그대로 다 말해 주어도 못 믿고 창피해서 친구를 안 대주면 때리기에 사실대로 다 말해야 해요. 은행에서 일 본 증거를 확인하고 심지어 친구에게 전화로 확인해 보는 것도 양이 차지 않아 찾아가기까지 해서 캐묻고 돌아와요. 그러니 온 동네가 창피하고 친구들에게 얼굴을 들 수가 없어요. 이제는 친구들이 겁이 난다고 나 만나는 것을 피하고 있어요, 맞는 것은 이골이 나서 괜찮지만 다른 사람들에게 따돌림당하는 것은 정말 못 견디겠더라고요."

"들어보니 정말 심각하네요, 여자가 그렇게 맞고 어떻게 살아요, 하루 이틀도 아니고 실례지만 그래서 봉순씨 첫인상이 수심이 가득 찬 게 그늘져 보였군요."
이제야 알겠다는 듯이 주상이 말했다.
"제 사주팔자가 너무나 박복한가 봐요, 어려서부터 밥 먹듯 매만 맞고 살았어요."
"그게 또 무슨 말이에요?"
봉순이 말을 꺼내려고 하니 친목회 손님들이 식당에 단체로 몰려와 자리를 내주어야 했다.

그러니 왕초는 밤새 들어도 다 못 들어볼 기회를 놓치지 않으려고 자리를 비켜주자고 말하고는 2차를 권했다.
"우리 호프 한 잔씩 하는 게 어떻겠어요?"
봉순이 그러자고 하면서 따라 나왔다.
왕초와 봉순이 식당에서 나오니 함박눈이 내렸던 길은 매서운 강추위가 덮쳐 빙판길로 변하여 몇 발짝 자국을 띠었던 봉순이 삐끗하며 넘어지려는 순간 왕초의 팔뚝을 덥석 잡았다.
다행히 눈 위에 자빠지지는 않았지만 한 손에 있던 비닐 가방이 무거우니 주상이 가방 한 개를 뺏어 들고 종종걸음으로 엉금엉금 기어갔다.
호프집으로 찾아 들어갔다.

각자 맥주 500cc에 과일 안주 한 접시를 놓고, 스토리를 듣자 하니 소설 소재라는 생각이 들어 말을 이어갔다.

"그래 어려서부터 밥 먹듯이 매를 맞았다는 게 그게 무슨 말이에요?"
봉순의 말소리는 언제나 잔잔하듯 조용하였다. 말소리를 들어보아서는 그 성품도 여자답게 연약하고 거친 면을 찾아볼 수가 없는데 지금까지 34년 동안 모진 세월만 겪고 살아왔다니 불쌍하다는 생각에 동정심이 생겼다.

봉순은 지리산 중턱인 산내면 내에 있는 뱀사골이라는 깊은 산골에서 태어났다. 할아버지 때부터 대대로 그곳에서 뿌리를 내리며 살아왔다.
아버지 황인걸은 기골이 장대하고 우락부락하게 성품이 거칠었다.
화전을 이루며 밭곡식을 지으며 살면서 부업으로 토종꿀도 따고 약초도 캐며 뱀도 잡아 팔아 돈을 만들어 생계를 근근이 이어가며 사는 산 사람이었다.

황인걸은 늙은 부모 양친을 모시며 마음씨 착하고 시골 아낙네 같지 않게 인물이 고운 아내 사이에서 봉순이를 비롯하여 쪼르륵 딸만 연거푸 셋을 더 낳아 어려운 살림에 식구가 여덟이나 되어 대가족이 되었다.
그러니 인걸이 내외는 늘 바쁘고 부지런히 일할 수밖에 없었다.
옛날 우리 어머니들이 다 그러했듯이 자신을 희생하며 가족을 부양하느라고 궂은일을 마다하지 않았다.
봉순의 엄마는 동네에도 일을 나가 밭을 메주고 품삯을 받았고 봉순은 산에 올라가 땔감 나무를 하며 어린 동생 셋을 돌봐 주느라 하루해가 언제 지는 줄도 모르게 시간이 흘렀다.
손재주가 남달랐던 봉순은 잠시도 손을 놓지 않고 손뜨개질이나 그림 그리기를 좋아했다.
산 소녀답지 않게 늘 지긋지긋한 가난에서 벗어나 남원 시내로 나가는 게 소원이었기에 꿈을 키웠다.

어느 날 학교에서 돌아와 보니 낮에는 잠시도 집에 누워 계시지 않던 엄마가 자리를 깔고 몸져누워 계셨다.
그동안 피로가 겹쳐 과로가 된 탓도 있지만, 잘 먹지 못해 영양실조와 남편 인걸로부터 늘 학대받으며 맞은 것이 겹쳐서 중병이 된 것 같았다. 무지막지한 봉순아비 인걸은 착한 아내를 아무런 이유도 없이 손찌검하는 것이 버릇되다시피 하여 툭하면 고생만 하는 아내를 매질하는 것이 일과였다.

그렇게 누운 봉순 엄마는 영영 소생하지 못하고 40대 젊은 나이에 저세상 사람이 되고 말았으니 산이 울고 땅이 울고 온 천지가 슬픔에 모두 다 울고 있었다.
봉순 엄마가 죽고 나자 온 동네 사람들은 애지중지하던 자기 가족이 죽은 것처럼 너무나 슬피 울었다.
어디 하나 나무랄 데 없는 여인이어서 마을 사람에게도 늘 칭찬만 받으며 인심을 얻어오던 봉순 엄마였다.
이렇게 착한 사람을 일찍 데려간 하느님이 무심하다며 넋을 잃고 애처로워했다.

봉순이는 엄마가 없자 이제는 어린 봉순이가 엄마 노릇을 해야 했다. 이제 일곱 식구의 밥 짓는 일이며 **빨래** 하는 일이며 어려운 살림살이를 해나가는 일이 어린 봉순이로서는 여간 힘든 게 아니었다.
더군다나 봉순이가 사는 마을은 뱀사골은 깊은 산중이라 몇 가구 없었고, 파묻힌 오지 마을이라 전기 혜택마저도 못 받고 살아서 냉장고나 세탁기가 있을 리가 없었다.

하루하루가 고달픈 생활의 연속이었다.
봉순이 할아버지는 새벽부터 일어나서 아들 인걸을 깨우느라고 사랑방에 앉아서 '인걸아, 인걸아' 하며 깊은 산울림과 함께 쩌렁쩌렁 울리게 소리를 질렀다.

고단한 일과로 새벽잠에 곤히 곯아떨어졌던 봉순이마저도 꿀맛 같던 단잠에서 깨어나지 않을 수 없었다.
봉순이 아비 인걸은 큰딸 봉순이가 죽은 제 어미를 빼닮았다는 이유로 엄마를 대신하여 봉순이에게 걸핏하면 볏단으로 두드려 패듯이 매질하기를 밥 먹듯 하였다.

어린 봉순은 엄마 생각이 더욱 간절하였다.
아버지로부터 이유 없이 매를 맞을 때마다 엄마에 대한 그리움은 복 받쳐왔고 겁에 질린 어린 세 동생을 품에 안고 하염없이 눈물을 펑펑 쏟았다. 같이 울고 눈물의 세월로 살아오면서도 이 악독한 굴레에서 벗어나야 한다는 일념으로 이를 악물고 첩첩산중을 벗어나 아무도 아는 사람 없는 낯설고 물선 남원 시내로 가출하기 위해 집을 뛰쳐나왔다.

무조건 한 미용실을 찾아 들어가 밥만 먹여주고 잠만 재워줄 것을 애원하며 그곳에서 미용기술을 어깨너머로 익힌 지 몇 년이 지나 그때부터 월급을 받아 착실하게 모은 돈으로 미용사 자격증을 획득하였다.
변두리에 자그마한 미용실 문을 열게 되었고 그 미용실 문을 연 지 얼마 안 가서 남자의 끈질긴 구애에 무릎을 꿇어 결혼하게 되었다.
그런데 무슨 놈의 여자 팔자가 그리도 센지 집에서 친

아버지에게 받았던 서러움이 단란하고 행복해야만 될 결혼 생활까지도 연장이 되어 불행한 삶이 연속이니 이제는 자신이 미워진다고 한다.
부모덕이 없으면 남편 덕도 없고 남편 덕이 없으면 자식 덕도 없는 것 같다면서 손수건으로 눈물을 닦았다.

생맥주 한 잔을 추가로 마시면서 가련한 봉순이의 이야기를 대충 들어보아도 이 세상에 아버지나 남편으로부터 그렇게 모진 학대를 받아 온 여자도 없을 거라고 생각되었다.
"봉순씨 참으로 이날 이때까지 많이 고생하셨네요."
주상이 봉순을 위로하며 말했다.
"그 좋은 기술을 살려서 꼭 다시 미용실을 만들어 본업을 하도록 하십시오. 우선 미용실에 월급제로 취직자리를 알아보도록 해요, 무가지 신문 정보지를 찾아보면 일자리는 얼마든지 있을 거예요! 왜 그 아까운 기술을 썩히고 엉뚱한 일을 해서 사서 고생을 하려고 해요,
취직될 때까지는 숙식을 돌봐 드릴게요. 당장에 내일부터 광고지도 보고 미용실마다 방문하면서 알아보도록 해요. 그래, 서울에 아는 사람이 전혀 없나요?"
"네, 저는 평생에 서울이 처음이에요, 아는 곳은 산골인 고향 뱀사골과 남원 시내밖에 몰라요.
미용협회 회장님을 남원에서 우연히 뵙게 되어 사장님

이 미용 강사가 필요하시다는 말씀을 전해 주시기에 약도만 받아 가지고 왔어요. 그리고 이참에 고향과 남원을 떠나려고요."
말을 하면서 눈물을 뚝뚝 떨어뜨리는 것이 그 숱한 악몽에 치를 떠는 것 같았다. 손수건으로 눈물을 찍어내는 봉순에게 주상이 말했다.

"자 그러면 술잔을 다 비웠으니 일어납시다."
봉순은 밤늦은 시간인지라 어찌할 줄 모르고 왕초에게만 매달려 하자는 대로만 따르고 있었다. 온 천지는 하얗게 눈으로 뒤덮여 있고 호프집 건너에는 모텔 네온사인이 반짝반짝 손짓하고 있었다.
왕초는 봉순을 데리고 모텔 문을 들어서도 어찌 된 일이지 봉순은 당연하다는 듯이 전혀 거리낌이 없었다.

요즘 세상에는 여자들 세상이고 여자들이 더 난리라고 하더니 그 말이 어울리기라도 하듯이 전혀 저항하는 기색이 보이질 않으니 참으로 세상이 많이 변한 것일까? 아니면 지리산 뱀사골과 남원의 춘향 골에서 인간 대접을 받지 못하고 억압만 받던 멍에에서 벗어나 굴레가 자유스러워서일까?
일본보다 더한 성 개방시대가 되어 외간 남자와의 관계는 자연스러운 현상이 돼가고 있다.

봉순은 약 일주일 후 금호동에 있는 미장원에 취직이 되어 그곳에서 숙식을 제공까지 받게 되었다며 홀연히 떠났다. 그 이후 잘 지내고 있나 궁금하여 알려준 핸드폰으로 전화를 해보니 "없는 전화번호입니다."라는 멘트가 나오는 것으로 보아 전남편이나 아이들 전화를 안 받으려고 전화번호를 바꾸었을 거라고 짐작했다.
전화번호가 갑자기 바뀌거나 잘 받지 않을 경우는 다 어려움이 있고 사정이 있기 때문이 아니겠는가!
인생은 실패할 때 끝나는 것이 아니라 포기할 때 끝나는 것이므로 새로운 도전을 하여 꼭 소망을 이루기를 빈다.

주상이 체험한 바에 의하면 봉순의 남편이 봉순에게 의처증을 부릴 만한 이유가 전혀 없었다.
그 이유는 더는 잠자리를 하고 싶지 않은 여자였기 때문이다. 어떤 여자는 음부가 수렁처럼 푹 꺼졌는가 하면 봉순이는 그 반대로 음부에 치골이 높은 산에 묘처럼 불쑥 튀어 올라와 뼈와 뼈가 부딪히면서 아팠다.
그래서 남자의 대물이 오그라들고 산이 높아서 빠지기가 일쑤인데 어느 남자가 탐낸다고 생각했는지 모를 일이다. 봉순이 남편은 봉순이에게 그저 이유도 없이 심한 의처증으로 괴롭힌 것이다.

그래도 길은 있었다.
많은 가족과 온갖 고통을 겪었지만 그래도 길은 있었다.
바늘구멍 같은 틈새가 오솔길같이 되기도 하고 오솔길이 큰길로 확 트이기도 하는 것이다.
삶이 그리 만만치는 않다는 것은 이미 잘 알고 있다.
그러나 더 갈 곳이 없어 그만 주저앉아 버리고 싶은 그곳이 바로 새로운 길의 출발이란 걸 그래도 길이 있다는 걸 잊지 말아야 한다.

불감증인 봉순이 석녀 같아 멀리한 주상에게 한참 만에 카톡으로 문자가 왔다. 돈도 모았고 마음도 편하게 잘 있다는 안부이다.
주상이 그 많은 스토리가 이어졌어도 지금까지 무탈했던 이유는 원한 살 일 없게 조용히 되돌려 놓았기 때문이다. (끝)

다음은 인생 낙원 2로 이어집니다.

부 록

꼭 읽어야 할 보석 같은 정보 마카
남자는 정력과 정액량이 늘고 여자는 생리를 다시 하는 기적이 온다.

세계 선진국들을 놀라게 한 신비스러운 파워 마카는 최근 미국, 일본, 유럽 등 전 세계에 폭발적인 인기를 모으고 있는 21세기의 神草가 바로 마카이다.

마카는 해발4,000미터가 넘는 안데스고원의 가혹한 기후와 환경조건에서 자라는 약용식물로 '안데스의 산삼' '천연비타민의 보고' '기적의 불임치료 식물'등으로 불린다. 거기에다 마늘, 굴(인) 호르몬 생성식품 31종이 첨가된 발효식품이 파워 마카이다.

현대인들의 최대관심은 '잘 먹고 잘 살자'를 넘어 건강과 성공의 두 마리 토끼를 잡는 것.

곧 성력(性力)을 우선으로 하는 시대다. 그렇다보니 건강에 좋다면 어떤 먹거리도 마다 않을 태세다. 도가 지나쳐 몬도가네식 먹거리도 여기저기에서 유혹한다.

무엇을 먹어야 살 안 찔까? 성인병에 안 걸릴 수는 없나? 나이 들면서 점차 고개를 숙이는 정력, 갱년기가 무서워지고 병원에 가보면 고생만 실컷 하고 결국 외롭게 병치레하다가 죽는 건 아닐까? 등등 현대인의 건강에 대한 스트레스는 그것 자체로도 하나의 질병이 되고 있다. 먹거리 하나만 몸에 좋다면 두 배 세배 값을 치르고라도 먹지만 그 효과는 찜찜한 것뿐이다.

여기에서 잘 먹고 잘 살자는 것은 무얼까? 그것은 쉽게 말해서 정력이 있느냐, 곧 성적능력을 유지할 수 있느냐로 압축할 수 있다. 성력이 강한 사람치고 건강하지 않은 사람이 어디 있는가. 건강하지 않으면 성기능을 유지할 수 없다는 것은 누구나 아는 사실. 따라서 나이가 들어서도 정력을 유지하고 효과적으로 기능할 수 있다면 건강하다 할 수 있는 것이다. 그래서 모두가 정력, 정력 하는 것이다.

그런데 고대인들이나 조상들의 성 능력은 어떠했을까? 아마도 오늘날처럼 호들갑스러울 정도로 약하진 않았을 것이다. 먹거리가 넘쳐나고 생활도 윤택해졌다면서 왜 현대인들은 옛날사람보다 성력은 떨어지는 걸까? 바로 스트레스와 잘못된 식습관에 의한 성인병, 환경오염 등 성력을 위협하는 것이 많아진 때문이라고 전문가들은 진단하고 있다. 찬란한 잉카문명을 건설했던 잉카족들은 해발 3,000미터 이상이나 되는 고원에서 살았다. 고원지대는 희박한 산소, 낮의 강한 햇빛, 밤의 영하를 넘나드는 차가운 기온, 거센 바람, 척박한 땅 등 무엇 하나 사람이 살기에 적당한 환경이 아니다. 그런데도 잉카족들의 체력은 강건했고, 여성들의 피부는 탄력이 있었다고 한다. 그 이유는 무엇일까?

바로 마카였다. 그리고 아이러니하게도 잉카는 마카 때문에 스페인 군대에 정복당한다. 잉카의 후예인 페루에서는 마카를 밥의 대용인 주식으로, 레스토랑의 일류 요리로, 가루

형태로 우유나 주스에 넣어 마시는 음료로, 요리의 조미료로, 아이들의 영양 간식 등 다양하게 사용되고 있다. 이제 (벌써) 유럽이나 미국, 일본, 러시아, 중국 등에서 21세기의 신초, 마카 붐은 대단하다. 정력제는 물론 건강식품으로 널리 사용되고 있는 것이다.

이제 우리나라에서도 마카를 맛볼 수 있게 되었다. 페루정부가 보증하고 우리나라의 식품의약 안전청의 엄격한 심사를 통과하여 시장에 나오게 된 것이다. 또 한국 내 유명대학과 식품연구소의 생 약초개발팀은 이미 '안데스의 산삼'으로 마카를 주목하고 활발한 연구 활동을 벌이고 있다.

마카의 등장은 현대인들의 성적능력을 높이는 것은 물론 성인병, 불임, 갱년기 장애등의 고통으로부터 벗어날 수 있는 기적의 약초로 널리 알려지게 되었다.

게다가 섹스회수가 한 달에 한 번 이하의 섹스리스 가정이 늘고 있는 우리나라의 남성들과 여성들에게도 좋은 자극제가 될 것이다.

제 1 장 세계가 주목한 21세기의 신초(神草) 마카.

해발4000미터 안데스고원에서 자생하는 천연식물 마카.

세계지도를 펼쳐보면 남미대륙의 태평양쪽에 안데스산맥이

쭉 달리고 있다.

그리고 적도부근에 페루가 있다. 페루는 모두가 알다시피 잉카문명과 현대인들이 동경하는 황금의 땅, 엘도라도의 신화로 유명하다. 그리고 그 곳에 전설적인 식물, 마카가 있다.

마카(MACA)는 새롭게 알려진 식물은 아니다. 남미의 안데스산맥 해발4000미터가 넘는 고지의 혹독한 기후 속에서 잉카족이 살기 훨씬 이전부터 자생해온 식물이다. 낮 동안에는 강렬한 햇살을 받고, 밤에는 영하에 내려가는 기온, 낮은 기압과 강한 바람 등을 견디며 자라나는 식물이다. 도저히 식물이 살 수 없는 자연 환경 속에서 자생하는 마카. 하지만 이 특이한 식물은 잉카족의 귀족들만 먹던 귀중한 음식이었다. 그 놀라운 영양가와 맛은 오늘날 잉카인들의 주식으로 재배되고 있으며, 전 세계인들의 강장 영양식품인 21세기형 약초로 주목받고 있다.

이렇게 페루의 대자연속에서 재배되어 내려오고 있는 마카에는 어떤 신비로운 힘이 감춰져 있는 것일까? 그 역사적 배경과 효능, 과학적 성분 등 다양한 점으로 자세하게 자세히 살펴보기로 하자. 마카의 신비로운 효능에 모두 놀라게 될 것이다.

잉카왕과 귀족들만 먹던 강장식품 마카

페루에는 과거 찬란한 문명을 가진 잉카제국이 있었다. 태양신을 숭배하는 잉카제국 사람들은 조금이라도 더 태양과 가까이하려고 주거지를 높은 곳에 정했다. 수도 쿠스코는 해발 3000미터가 넘는 고지에 건설되었다.
그러나 공기가 희박하고 기후가 혹독한 고지에서 사람들은 체력이 크게 소모 되었다. 그것을 보충하기 위해서는 자양강장 효과가 있는 식품을 필요로 했다. 그래서 잉카 사람들은 일찍이 마카에 눈을 뜨게 되었고, 주로 왕과 귀족들이 자양식에서 마카를 이용했다.
오늘날 마카가 주로 생산되고 있는 고원지대는 잉카제국 영토 내에 있었기 때문에 제국의 지배자들은 마카의 효능에 관해 알고 있었다. 그들은 라마 같은 가축과 소량의 마카를 물물 교환했을 정도로 마카를 귀중하게 취급했다.
한편 잉카제국의 왕은 전사들에게 체력을 보충시키기 위해 마카를 먹게 했다고 전해진다. 안데스지역의 여러 부족들은 서로 세력 확장을 위해 다투었는데, 그중에서도 잉카족이 강성하여 마침내 주변의 부족들을 물리치고 거대한 제국을 이루었다. 이 과정에서 강한 전사가 반드시 필요했고, 전쟁에서 승리를 거둔 전사에게는 포상으로 마카가 지급되었다고 한다.
잉카제국의 군대는 주변 부족을 공격하여 함락시키기 직전이 되면 전사들에게 마카의 지급을 중지시켰다. 승리한 죽음들이 강탈과 폭행을 일삼게 되어 군대의 질서가 문란해질 것을 걱정했기 때문이다. 그래서 목표물을 함락시키기 직전에 전의를 북돋는 마카의 지급을 중지시켰던 것이다.

건강하고 탄력 있는 피부를 자랑하는 페루 여성의 미용 비결

마카는 예로부터 페루사람들에게 자양강장과 피로회복을 위한 생약으로서 친숙한 식물이었다. 지금도 안데스산맥의 고지는 기후도 좋지 않고 척박한 환경에서 먹거리가 풍부하지도 않은데 남자들은 건장한 체격을, 여성들은 건강한 몸매를 자랑한다. 그리고 장수하는 사람도 많은데 그 이유로 마카의 효과를 꼽는다.
페루 인들이 세계에 자랑하는 '세 가지 기적'이 있다. 바로 감자, 키니네, 켓츠클로가 그것이다.
페루의 감자는 흉년과 페스트가 휩쓸던 유럽인들을 굶주림에서 구해낸 작물로 역사적으로 널리 알려져 있다. 스페인의 정복자들은 신대륙에서 나는 감자를 유럽의 본국 스페인에서 갖고 돌아왔다. 유럽에서 재배된 감자는 그 후 독일에서 프리드리히 대왕에 의해 본격적으로 재배되어 독일 사람들은 물론이고 유럽각국에서 주식에 가까운 대단히 중요한 위치를 차지하게 되었다. 감자는 이렇게 유럽 근세역사에서 가장 귀중한 음식이었으며, 굶주림에 허덕이던 수백만 명의 사람들을 구해냈다.

또 한 가지는 말라리아가 세계적으로 이를 막고, 인류를 구원한 특효 키니네(kinine)다. 키니네는 페루에서 자라는 나무 키나노키의 껍질에서 발견된 것이다.

암, 류머티즘, 기타 여러가지 생활습관성 병에 대한 놀라운 면역증강 작용이 있는 캣츠클로 또한 유명하다.

그리고 이 세 가지 기적의 식물에 이어 세계적으로 주목받고 있는 것이 안데스산 식물 마카다. 이제 마카가 지니고 있는 놀라운 힘에 관해 살펴보자.

발기부전과 불임, 갱년기 장애를 낫게 하는 마카

지금까지도 정력증강에 좋다고 하는 강장식품이나 약품, 건강식품은 많이 있었다. 그러나 마카는 종전의 것들과는 완전히 다르다.

한마디로 어떤 점이 다른가하면 어디까지나 자연의 형태로 성기능을 증강시킨다고 하는 점을 큰 특징으로 들 수 있다. 남성의 경우는 발기부전을, 여성의 경우는 불임증과 갱년기 장애를 낫게 한다.

마카는 스트레스성 발기부전에 효과가 있는 알카로이드를 다량 함유하고 있다. 또 난자와 정자의수를 크게 촉진시키는 남성호르몬과 관계되는 스테로이드, 음경동맥 혈액의 흐름을 활발하게 만드는 덱스트린도 포함하고 있다.

이 내용만 보면 화학약품인 발기부전 치료제를 떠올리게 된다. 이런 성분들이 남성의 발기부전을 개선시키게 된다.

그러나 발기부전 치료제는 화학약품으로서 부작용이 우려되는 것과는 대조적으로, 마카는 더 큰 효능을 갖고 있는 천연식물이라고 하는 점에 주목해야 한다. 곧 부작용으로부터 자유롭다는 것이다. 다시 말해 '페루산 천연발기부전 치료제' 라고 해도 좋을 만큼 자연그대로의 형태로 성 기능에 활력을 주는 전통적인 강장식이다.

발기부전과 정력의 쇠퇴로 고민하는 현대의 남성들에게, 또 불임증 갱년기장애로 고민하는 여성들에게 마카는 정말 반가운소식이 아닐 수 없다.

세계 각지에서 관광객들을 끌어 모으는 마카 축제

페루의 대자연속에서 마카는 5월부터 7월에 걸쳐서 수확하고, 파종은 9월부터 11월에 걸쳐서 이루어진다. 기본적으로 재래식농업, 천연유기농으로 재배된다.

일단 씨를 뿌리고 나면 땅 속에서 싹이 터서 뿌리를 내리기까지 어느 틈엔가 겨울을 넘기고 자라있기 때문에 농약이나 비료도 필요 없다. 마카는 단지 땅속의 영양분을 흡수하고 비를 맞고 자랄 뿐이다. 따라서 재배하는데 별로 손이 많이 가지 않는 작물이다.

다만 마카를 재배하려면 아연 같은 미네랄이 풍부하게 들어있는 땅이 필요하다. 안데스의 혹독한 자연환경 속에서는 그렇게 영양이 풍부한 땅은 많지 않은 법이어서 극히 일부 마을에서만 재배할 수 있다.

그리고 일단 한 차례 마카를 재배한 땅은 양분을 몽땅 흡수하기 때문에 한동안은 사용할 수 없다. 우리나라의 인삼 재배가 그러한 것과 똑같다.

그래서 농민들은 마카를 수확하고 나면 양 같은 가축을 키운다. 그렇게 해서 5~6년을 쉬는 동안 가축한 퇴비가 땅속에 충분히 스며들면 다시 재배를 시작하는 식으로 완전한 유기농재배를 한다.

씨를 뿌릴 때 옛날 사람들은 풍작을 기원하며 밭에서 춤을 추고, 노래도 했다고 한다. 안데스 산 여기저기에 마카의 풍작을 기원하는 메아리가 울려 퍼지면 마카는 땅속에서 겨울을 보낸다. 풍작을 기원하는 축제는 고원에서 생활하는 민족들의 전통 축제로서 해마다 성대하게 열린다.

수확은 주로 손으로 하며, 수확한 다음에는 정성껏 건조시킨다. 말이나 소의 배설물을 충분히 흡수한 땅이 아니고는 제대로 자라지 않는다고 한다. 한번 재배하고 나면 그 땅을 8년간 고갈시킬 만큼 땅에서 영양소를 빼앗아가기 때문이다. 거꾸로 말하면 마카가 그만큼 풍부한 영양소를 지니고 있다는 이야기다. 그 영양소는 또 한 가지의 '안데스의 기적'이라 해도 손색이 없다.

임신하기 쉬운 체질로 만들어주는 마카

안데스고지의 사람들은 기압이 높고 공기가 희박한 곳에서 산다. 이럴 경우 여자들의 임신능력이 현저히 떨어지게 된다. 하지만 페루에서는 이러한 환경을 극복하기 위해 오랜 옛날부터 임신적령기의 여성들에게 마카를 먹여왔다. 왜 그랬을까?

마카는 호르몬 작용을 활발하게 하여 균형을 잡아주는 작용이 있기 때문이다.

임신과 출산은 배란에서 시작하여 수정, 수정란의 자궁벽 착상, 태아의 발육, 그리고 출산에 이르기까지의 과정을 거친다. 이 과정은 뇌의 간뇌, 뇌하수체, 난소 등에서 분비되는 여러 개의 호르몬에 의해 조절된다. 따라서 호르몬의 균형이 깨지면 생식기의 작용이 흐트러져 임신하기 어려워진다.

마카의 효능 가운데서도 주목할 만한 것이 에스트로겐의 분비를 촉진하는 효과다.

에스트로겐은 여성호르몬의 일종으로, 여성의 생식기능을 조절한다.

갓 태어난 인간은 생식기 이외에는 남녀의 차이가 거의 없다. 성차가 나타나는 것은 사춘기를 맞이하여 성호르몬이 활발하게 분비되면서부터다.

개인차가 있기는 하지만 여성이 50대에 접어들면 에스트로겐은 거의 분비되지 않는다. 따라서 배란이 멈추고, 폐경을 맞이한다. 폐경 전후에 갱년기장애라 일컬어지는 불쾌한증상이 나타나는 것은 몸의 기능이 변화해 몸과 마음이 따라가지 못하기 때문이다.

성장 발육하는 사춘기에서부터 결혼생활까지 또한 임신 중에도 마카는 산모나 태아에게 훌륭한 영양소가 된다.

한편 에스트로겐은 칼슘이 뼈에 스며드는 것을 촉진한다.

그래서 폐경이 되면 칼슘이 부족하여 뼈가 물러지는 골다공증도 나타나기 쉬운 것이다. 이와 같이 여성은 일생을 통해 사춘기와 갱년기라는 두 차례의 커다란 변화를 겪게 된다.
40대를 지나 50대로 접어들면 에스트로겐의 분비가 감소하는 것은 노화현상으로, 어쩔 도리가 없다. 이런 시기에도 마카는 필요하다.

페루 정부가 보호하고 보증하는 주요 수출상품 마카

페루에서는 마카가 유력한 수출상품인 만큼 국가사업으로서 연구, 조사가 이루어지고 있으며, 법률도 제정되어있는 등 국가적인 차원에서 보호 육성되고 있다.
마카에 여러 가지 약효가 있다는 사실은 원산지 페루에서는 수천 년 전부터 알려져 있다. 특히 글로리아 챠콩 박사는 마카 연구의 일인자로, 마카의 학술명(LEPIDIUM PERUVIANUM CHACON sp.nov)에는 챠콩 박사의 이름이 들어 있을 정도다. 마카가 발기부전과 불임중에 효과가 있다는 연구결과는 챠콩 박사에 의해 발표된 것이다. 이와 함께 페루의 국영방송에서 마카를 보도하여 그 약효가 세계에 널리 알려지게 되었고 마카의 효과에 관한 연구가 더욱 활발하게 이루어지고 있다.
1961년 챠콩 박사는 마카의 유효성분을 흰쥐에게 투여하는 실험을 했다. 그 결과 마카를 투여한 암컷 흰쥐의 난자세포는 성숙이 촉진되어 출생률이 향상된다는 사실을 확인했다. 마카를 섞은 먹이를 6개월간 먹인 흰쥐(암컷 두 마리, 수컷 여덟 마리)들에서는 최초번식 기에 마카를 주지 않은 흰쥐(암컷 두 마리, 수컷 여덟 마리)들보다 열 마리나 많은 새끼가 태어났다.

마카에 함유된 알칼로이드는 남성의 스트레스성 발기부전을 개선하는 작용이 있고, 여성의 난자세포를 성숙시키는 효과도 함께 갖고 있는 것이다.

챠콩 박사는 양을 통한 실험도 실시했다. 교배 전에 양을 두 그룹으로 나누어 한쪽에는 15일간 마카를 먹이고, 다른 한쪽에는 먹이지 않았다. 그런 다음 각 그룹을 별도로 교배시킨 결과 마카를 먹인 양은 100% 새끼를 뱄고 유산도 거의 하지 않았다. 반면에 마카를 먹이지 않은 양은 새끼를 밴 확률이 74%로 낮았으며, 유산이나 출산의 이상증세도 많이 나타났다.

이러한 연구결과를 통해 챠콩 박사는 첫째, 마카는 동물의 임신을 촉진하는 작용이 있다는 것과 둘째, 수정된 이후의 수정란의 생육을 정상적으로 조절하는 작용이 있다는 것을 증명했다.

마카에 풍부하게 함유된 리신과 아르기닌 같은 필수아미노산과 활성물질이 흰쥐와 양의 생식능력을 높인 것으로 보고 있다. 수정란의 생육을 정상적으로 조절하는 것은 마카의 여러 가지 유효성분들이 수정란을 둘러싼 생식능력을 향상시키고 안정되게 한 것을 나타낸다. 수정이 되어도 수정란이 자궁벽에 제대로 착상하지 못하면 유산할 가능성이 매우 높기 때문이다.

제 2 장 남성: 우뚝 솟은 성 에너지를 공급하라!

정력부족은 만병의 시작이다.
오늘날 남자들의 위기인 정력부족을 의사나 학자 등 전문가들은 어떻게 진단하고 있을까? 물론 여러 원인이 있겠지만 주요한 원인으로 꼽히는 것이 활성산소다.
알다시피 사람의 몸은 호흡과정의 원활한 순환이 건강의 기본이다.
따라서 몸속에서 발생하는 활성산소는 건강의 이상신호를 가늠한다고 할 수 있다. 사람들에게 활성산소가 과잉 발생하는 것은 환경오염에 따른 먹거리의 오염, 식생활의 서구화, 식품첨가물 범람, 술, 담배, 농약, 자외선 등이다. 특히 해결이 어려운 문제로서 경쟁사회, 정보화 사회의 스트레스를 들 수 있다.
다시 말해 현재 우리의 생활환경은 활성산소에 둘러싸여 있으며, 이를 해결하는 방법은 현재로서는 벗어날 수 없다고 해도 지나친 말이 아니다. 이 활성산소를 억제, 제거하는 것이 항산화물질(SOD효소)이다. 현대인들은 이 물질의 생산능력이 크게 떨어지고 있다고 한다. 그 결과 정자 수부족, 발기능력저하, 당뇨나 고혈압증가, 스트레스 상승 등의 정력부족과 성인병증세가 빈발하고 있는 것이다. 원래 우리 몸에 자연적으로 갖추어져 있어야 할 항산화물질도 이러한 상황 속에서는 자꾸만 그 생산능력이 떨어질 수밖에 없다. 그리고 이 항산화 물질은 20대를 100%로 치면 40대에는 80%, 50대에는 60%정도로 나이를 먹으면서 감소하여 80

대가 되면 더 이상 분비되지 않는다.

혈관은 활성산소에 의해 녹슨 상태가 되고 만다. 특히 발기는 혈액의 집중에 의해 일어나는 현상이기 때문에 활성산소에 의해 크게 타격을 입는다. 발기력이 급격하게 떨어지는 것이다.

여기에 청년실업 증가로 젊은이들의 발기력 부족 호소가 늘고 있고, 중년 이후는 불황과 구조조정의 스트레스로 나이를 떠나 모든 남성들을 스트레스증후군 환자로 내몰고 있는 것이다.

그나마 유일한 안식처라 할 수 있는 가정으로 돌아온다고 해도 밀려드는 고지서, 각종 세금, 부과금, 교육비 등의 고지서가 산더미로 쌓이고, 남들과 비교하는 와이프들의 태도는 차갑기만 하고 아이들은 그들만의 생활에 빠져 아빠 대하기를 소 닭 보듯이 하는 게 요즘 세태다. 이러한 환경에서 정력 감퇴를 느끼지 않을 수 있다면 정신적으로 상당히 무디거나 귀가 공포증에 걸린 노이로제 환자일 것이다. 최근 중년 이후 남성의 자살이 늘고 있다는 뉴스도 충격적이다. 평범하게 살아가는 것조차 힘든 시대가 되고 말았다.

정력에 관한 올바른 상식

정력은 무엇을 말하는 걸까? 정력, 정력 하지만 그 실체를 제대로 알기보다는 어떤 힘으로만 느끼는 남자들이 많다. 먼저 의학적으로 정력을 설명해 보자.

정력이란 한마디로 남성의 성기능이다. 성기능과 밀접한 관련이 있는 것이 미네랄인데 그 가운데서도 아연(Zn)이 중요한 영양소다.

남성의 정액을 생산하는 전립선에는 고밀도의 아연이 필요한데, 이것이 부족하면 정자의 수가 감소한다고 알려져 있다. 성인에게 필요한 아연은 하루 15mg인데, 우리의 식생활은 그 섭취량이 많이 부족한 현실이다. 아연을 많이 함유한 식품으로 대표적인 것이 굴이다. 그 밖에도 정어리, 청어, 대합, 모시조개, 팥, 멸치, 현미, 콩가루, 볶은 깨, 말린 버섯, 무말랭이 등이 있다. 이들 식품을 보면 옛 선조들의 식단은 아연이 풍부했음을 알 수 있다. 식생활의 서구화, 경제구조의 변화, 기호의 변화 등에 의해 이러한 음식을 날마다 충분히 섭취하기가 어려워졌다. 사람들이 어머니의 손맛을 찾는 것은 단지 옛날을 그리워하는 마음 때문만은 아닌 것이다.

또 한 가지, 성기능을 유지하기 위해 중요한 성분으로 셀렌이 있다. 그것은 밀가루나 곡류에 함유된 항산화미네랄로, 체내에 존재하는 셀렌의 25~40%는 생식기에 집중되어 있다. 정자세포에는 셀렌의 함유량이 많아서 남성이 사정할 때 많은 양의 셀렌이 정자와 더불어 빠져나온다. 이것을 보충해주지 못하면 성기능이 저하된다. 이 셀렌 역시 전통적인 식생활에서는 많은 양을 섭취할 수 있었던 것이다.

정자수를 늘려라!

최근 들어 우리나라뿐 아니라 세계적으로 남성의 정자 수가 줄고 있다는 충격적인 보고가 잇따르고 있다.

1995년 프랑스에서 이루어진 연구결과가 널리 보도되어 화제를 불러일으킨 바 있다. 1945년생 남성의 30세 때 평균 정자 수는 1밀리리터 안에 1억200만개였으나 1962년생 남성의 30세 때의 평균 정자 수는 5,100만개에 지나지 않았다. 불과 17년 사이에 정자의 수가 절반으로 줄어든 것이다.

한편 세계보건기구(WHO)의 발표에 따르면 정자의 운동률이 20년 전에 비해 80%에서 50%까지 떨어졌다고 하니, 실로 현대남성들의 정력이 위기에 처해있다고 하겠다.

이러한 정력 감퇴의 원인은 분명히 밝혀지지 않고 있으나 스트레스라는 주장과 미네랄 부족이라는 주장 이외에도 세계적인 환경의 악화에 의한 이른바 환경호르몬 때문이라는 주장도 있다. 다이옥신으로 대표되는 환경호르몬은 아주 적은 양으로도 인간 유전자에 영향을 미치게 된다. 하지만 개인의 힘으로 막을 수 없다. 자연의 황폐화는 남성들에게 더욱 두려움을 가져다주고 있다.

마카는 충실한 성생활을 선물한다.

섹스는 반드시 임신을 목적으로 하는 것만은 아니다. 부부 간의 커뮤니케이션과 애정 표현을 위해서도 꼭 필요한 것이다. 마카는 이러한 목적의 성생활에도 큰 효과를 발휘한다. 남성에게 나타나는 효과로는 우선 발기능력의 향상을 들 수 있다.

발기는 음경을 구성하고 있는 해면체에 대량의 혈액이 흘러들어와 일어난다. 해면체는 혈액을 담고 있지 않을 때는 작아지고, 혈액을 담으면 크게 팽창하는 조직이다. 그 기능이 해면을 연상시키기 때문에 해면체라는 이름이 붙은 것이다.

음경을 통과하는 모세혈관은 성적인 자극을 받으면 급격히 확장된다. 그래서 다량의 혈액이 음경으로 흘러들고, 해면체가 그것을 흡수하여 팽창, 발기하는 것이다.

그리고 사정에 의해 성적인 자극이 감소하면 이번에는 음경을 통과하는 모세혈관을 축소시키는 역할을 하는 호르몬이 작용하여, 혈액의 유입을 중지시켜 음경이 원래의 크기로 돌아온다. 음경이 충분히 발기하기 전에, 또는 충분히 시간이 지나지 않았을 때 모세혈관을 축소시키는 호르몬이 분비되면 조루나 발기부전 상태가 된다. 발기 약으로 유명한 발기부전 치료제는 이 호르몬의 분비를 억제하는 작용이 있어서 발기 능력을 향상시키는 것이다.

마카에도 발기부전 치료제와 같은 효과가 있다. 마카에 함유된 활성물질 덱스트린과 알칼로이드는 하복부에 위치한 음경동맥의 혈류를 활발하게 만든다. 그러면 음경동맥의 끝에 있는 모세혈관이 혈류도 활발해져서 보다 많은 양의 혈액이 음경으로 흘러 들어가게 되기 때문에 발기능력이 좋아지는 것이다.

여성의 경우도 마카의 도움을 받아, 보다 충실한 성생활을 영위할 수 있다. 성기가 부드러워져서 갱년기 장애증상 가운데 하나인 성교 통이 해소된다. 또 불감증이나 냉감증 등도 개선된다.

남성의 경우도 사정할 때 예전만큼 쾌감을 얻지 못하는 성적 노화현상이 줄어든다.

이것은 마카에 함유된 방향성 글리코시드라는 활성물질의 효과다.

방향성 글리코시드는 신경을 활성화시키고, 성교할 때 쾌감을 높이는 작용이 있다. 그래서 노화 등의 이유로 둔해졌던 쾌감이 다시 살아나고, 섹스를 통한 즐거움과 만족감이 한층 커지는 것이다.

부부간의 상호이해는 성행위만으로 이루어지는 것은 아니다. 그러나 성행위가 남녀의 커뮤니케이션에 있어 중요한 부분을 차지한다는 것은 틀림없는 사실이다. 그만큼 성행위를 통해 부부가 함께 쾌감을 얻을 수 있다면 두 사람 사이에는 깊고 강한 유대감이 형성되고, 그러한 느낌이 더욱 깊은 쾌감을 가져올 것이다.

정신적인 연결고리 또한 단단해져서 이상적인 부부관계를 쌓아가게 되는 것이다.

마카는 면역력을 높여 주는 영양소도 있다.

우리 몸속에는 수많은 세균과 바이러스가 살고 있으며, 몸 바깥에도 마찬가지로 수많은 세균과 바이러스들이 우리를 둘러싸고 있다.
이러한 세균과 바이러스 가운데는 우리 몸을 못 쓰게 만들어 여러 가지 병을 일으키는 것도 많다.
그런데도 우리가 건강하게 살 수 있는 것은 몸속에 태어나면서부터 갖고 있는 면역기능의 작용덕분이다. 면역기능은 체내에 침입한 세균과 바이러스를 쫓아 없앤다. 그뿐만 아니라 면역력이 강해지면 암도 예방할 수 있다.
우리 몸은 항상 신진대사를 되풀이한다. 신진대사에는 여러 가지 역할이 있는데 대표적인 것은 새로운 세포를 만들어서 오래된 세포와 교환하는 것이다. 교환할 때는 오래된 세포와 똑같은 것을 복제하는데, 유전자 DNA에 이상이 있을 때는 기형세포를 만든다. 그런 기형세포 가운데 하나가 바로 암세포다.
체내의 이물질을 공격하여 없애는 면역세포는 기형세포를 세균이나 바이러스와 같은 이물질로 인식하여 공격한다. 인간의 면역기구의 작용은 주로 골수에서 만들어지는 백혈구에 의해 이루어진다. 몸 밖에서 세균이나 바이러스와 같은 이물질로 인식하여 공격한다. 인간의 면역기구의 작용은 주로 골수에서 만들어지는 백혈구에 의해 이루어진다. 몸 밖에서 세균이나 바이러스가 침입하거나 돌연변이에 의해 기형세포가 생겼을 때는 백혈구가 나서서 이런 이물질들에게 활성산소나 항체를 보내서 사멸시킨다. 또 백혈구가 직접 이물질을 먹기도 한다.

백혈구는 여러 가지 종류가 있으며, 대표적인 것으로 호중구, 매크로파지, B세포, T세포 등이 있다. 과로나 스트레스로 인해 면역력이 떨어져서 세균이나 바이러스의 세력이 면역력을 짓누르면 여러 가지 병이 생기는 것이다. 이러한 면역력의 가장 큰 적은 노화다. 나이가 들면서 몸과 마음의 기력이 떨어지면 면역력도 떨어지고, 암과 같은 병에 걸리기 쉬워져서 노화가 한층 빠르게 진행된다. 나이가 들수록 이러한 악순환에 빠지기 쉽다. 따라서 건강하게 오래 살고자 한다면 면역력을 강화시켜야 한다. 그런 작용을 하는 것이 바로 마카다.

마카가 어떠한 형태로 면역력을 높이는가하는 자세한 메커니즘은 아직 밝혀지지 않았다. 다만 마카에 함유된 풍부한 영양소가 서로 작용하여 면역기능의 작용을 활발하게 하는 것으로 추측된다.

실제 마카에 의해 면역력이 높아진 임상결과가 꾸준히 발표되고 있다. 앞으로 마카에 대한 연구가 이루어질수록 면역력증강에 관한 메커니즘은물론 효과를 더욱 높이는 일도 가능할 것이다.

오래 부담 없이 즐기려면 마카가 발기부전 치료제보다 낫다.

마카가 발기부전치료제와 같은 작용을 한다는 사실은 앞서 이야기했다. 하지만 마카와 발기부전 치료제의 성질은 커다란 차이가 있다.
바로 마카는 즉효성이 없지만 효과의 지속시간이 길고, 부작용이 없다는 점이다.
발기는 모세혈관으로부터 음경의 해면체에 많은 양의 혈액이 유입되어 일어나며, 사정에 의해 자극이 떨어지면 모세혈관을 수축시키는 호르몬이 분비되어 음경이 원래 크기로 돌아온다. 발기부전치료제는 이 모세혈관을 수축시키는 호르몬의 분비를 억제함으로써 발기시킨다.
따라서 음경에 계속하여 새로운 혈액이 유입되기 때문에 한번 발기하면 좀처럼 원래대로 돌아오지 않는다. 개인차는 있지만 일반적으로 발기부전 치료제를 복용하면 약 30분이 지나 효과가 나타나기 시작하여 약 4시간 정도는 지속된다고 한다.
마카의 경우는 음경을 발기시킨다는 목적에 있어서는 같지만 혈액을 유입시키는 메커니즘이 전혀 다르다. 약의 힘으로 일시적으로 모세혈관을 확장시키는 것이 아니라, 생약성분의 힘으로 하복부의 음경동맥 혈액흐름을 촉진시켜 음경으로 흘러들어가는 혈액의 양을 증가시키는 것이다. 서서히 체질을 바꾸어 나가기 때문에 즉효성은 없지만 발기력을 오래 지속할 수 있다.
부부가 함께 온 가족이 다 함께,
건강증진을 위해서는 하루에 한번 씩,
왕성한 체력을 원한다면 아침, 저녁 두 번씩 복용을 하자.
상담문의 010-8558-4114

자연이 준 최상의 식품 6시간 이전의 초유

병균의 무서운 활동을 저지하는 초유

몰려오는 초강력 세균들을 현재 우리 능력으로 막을 길이 없다. 우리는 아직도 방어력이 있지만 살아남기 위하여 지금 당장 관심을 갖고 책임 있는 대책을 세워야 한다.
오늘날 가장 위협을 주는 질병이 바로 면역질환이다.
면역 결핍, 자가 면역질환, 암, 알레르기, 염증, 심지어 노화까지도 면역과 관련이 있다. 질병의 발병과 우리 몸의 세포에 축적된 독소와 영양 결핍이 면역계를 파괴시킨다. 건강한 우리의 삶을 위해 면역계를 보강하여야 한다. 불행하게도 많은사람들이 면역질환의 위협을 받고 있다. 불과 몇 세대 만에 우리는 이 지구의 얼굴을 바꾸어 놓았다. 인간의 연료인 식품을 수많은 유해성분으로 변형시켰으며 오염물질과 항생제로 포장하였다. 미국은 현재 토양의 유실과 미네랄 감소 현상으로 인한 농산물의 영양소 감소로 영양실조 증세를 보이고 있다. 우리는 소중한 공기와 물을 오염시키고 화학품의 독성물질, 유해전자파, 사회적 무관심 등과 싸우고 있다. 우리는 숲이 파괴되면 신종 바이러스와 박테리아가 출현

한다는 사실을 잘 알고 있다.
우리가 생존을 위하여 할 수 있는 일은 과연 무엇인가? 저항이 불가능한 인간의 면역성, 저렴한 세계여행은 빠른 인구 이동, 초강력 세균 등장과 친화성을 재촉하고 있다.
이런 시점에서 우리는 여기에 대처할 수 있는 위기를 벗어나는 방법으로 우리 몸에서 면역항체를 키워야만 한다.

초유에 우리 몸이 꼭 필요로 하는 성분이 있다.

1. 면역기능 증강
몸의 혈관과 임파계에서 세균 등을 중화시키는 작용
2. 정장작용
락토페린과 그 밖의 면역 인자들이 면역세포 활성화 및 원활한 장내 정장작용을 하게함.
초유는 설사를 일으키는 세균에 대한 항체 형성 증가시킴
3. 성장촉진
섬유 성장과 세포조직 회복
4. 두뇌발달 촉진
두뇌와 눈 망막 발달에 도움

초유란 무엇인가?

사람을 포함한 포유동물에서 출산 직후 24시간 이전에 나오는 젖을 초유라 하며 누렇고 탁한 젖을 분비하는데 제일 먼저 나온다는 뜻으로 Colostrum이라고 부르고, 분만 후 처음 생산되는 유즙으로 강력한 항체와 신생아의 건강을 지켜주는 성장 인자로 이루어져 있습니다.

초유는 6시간 이전에 추출한 것이 최상의 초유라 할 수 있습니다. 이 초유는 최고의 면역물질과 성장물질이 함유된 것으로 최고로 치는 천연물질이자 선물입니다. 특히 사람의 초유와 같은 기능이 있는 젖소의 초유는 연구와 임상 실험에서 면역 체계와 소화기관 및 건강증진에 기여하는 중요한 인자로 결론지어지고 있습니다. 또한 초유 내의 성장 인자는 긍정적인 부수적인 효과로 지방 대사강화, 마른 근육질의 체형 형성의 용이, 피부와 근육의 재활 강화 등을 제공하기도 한다는 긍정적인 연구검토가 되고 있습니다.

초유를 생산하는데 어떠한 기준을 충족시켜야 하는가?
당시는 미국 식품안전조사협회(FSIS) 미농산부(USDA) 식품의학협회(FDA)의 엄격한 기준을 통과해야 한다. 초유는 제품의 안전한 효과를 확증하기 위해 고안된 미농산부가 승인한 제품 생산개요 아래 생산된다.

초유가 주는 효능

암을 발생시키는 많은 요인들이 있다. 이 중에서 가장 절대적인 요인은 유전적인 소인이나 독성 물질의 축적에 의해 입는 세포의 손상이다. 바이러스들은 자신들을 복제하기 위하여 상처를 입은 세포를 찾는다. 우리가 나이를 들어감에 따라 우리의 세포는 더욱 손상을 입는다. 대부분의 암은 너무 많은 세포가 손상을 입어 수천 가지의 바이러스 너무 빨리 복제가 이루어져 면역체계가 대응하기에 역부족일 때나 세균들의 공격을 받은 세포들을 파괴하기 위한 정상적인 면역반응이
억제될 때 생긴다. 초유는 이 면역반응을 향상시키고 초유에 함유된 물질들은 세포나 체액에 있는 바이러스를 대항하여 작용한다.
1. 항암제 효과 촉진, 부작용 방어
"락토페린"이란 암과 그 외 질병들을 대항하여
 싸우는 탁월한 능력으로 효과적이라고 보고되었다.
2. 당뇨와 혈당증
초유는 우리 몸의 모든 알러지 반응을 제거하는 데 도움이 된다. 성장호르몬(GH)과 인슐린과 같은 성장인자 (lGf-1)가 함유되어 있다.
3. 심장질환
초유에 있는 IGF-1과 GH는 LDL(심장 질환의 표시)

의 농도를 내리고 HDL(심장 질환의 위험성을 줄이는 독특한 물질)의 농도를 증가시켜 콜레스트롤 수치를 낮춰준다는 것을 밝혔다. 성장 인자들(HG)은 치료를 촉진시키고 심장 근육 조직의 재생성을 촉진시키며 혈관의 재생성도 촉진 시킨다는 것을 밝혔다. 이 물질들은 질환 후 회복에 도움을 준다.

4. 면역질환

면역 글로부린들은 아주 강력한 능력과 광범위한 항바이러스, 항 박테리아 효력을 갖춘 방어체이다. 하지만 이들이 dirgowlaus 류마티스 관절염, 다발성 경화증, 빈혈 혈소판 감소증, 호증구 감소증, 위 근무력증, 길캉바레증후군, 전신낭창, Arythamatosus, Bulls Pamphigoid, 가와사키 증후군, 만성피로 증후군, 그리고 크론병 이외의 여러질병들이 발생하게 된다. 초유는 모든 종류의 면역 글로부린을 함유하고 있으며 초유에서 가장 풍부하게 발견되는 인자인 LgG는 림프액과 순환계통에 의하여 운반되며 우리 몸 침입자들과 독성을 중화시킨다.

5. 아토피

초유 제품은 면역력의 정상 조절 및 향상기능으로 아토피의 개선에 도움을 주게 됩니다. 초유에는 알레르기를 조절하는 PRP라고 하는 물질이 있으며, LgG, LgE, LgA, LgD, LgM등의 여러 면역글로불린

(면역항체)들이 있어서 상호 조화를 이루도록 도와준다.

6.HIV바이러스(에이즈 균)

인체의 면역세포는 촉진과 억제를 잘 조화시켜 세균이나 바이러스, 곰팡이등 몸에 해로운 물질이 들어와 이를 처리 보호하여 준다. 그러나 조화가 깨지면 면역 계통에 이상이 생겨 여러 가지 병이 나타날 수밖에 없지만 초유가 독특한 효과를 줌이 입증 되었다.

7.다이어트

8.키

자녀 키는 성장 판이 열려 있을 때만 열려 있을 때만 자라므로 닫혀 있으면 절대 크지 않습니다. 성장기 어린이, 청소년의 뼈 성장에 필수적인 칼슘, 무기질, 비타민 등 총 48가지 성분이 균형적인 성장 발육을 돕습니다

효자상품 헤모힘

애터미 대표상품 헤모힘은 한마디로 요약하자면 면역력의 황제다.

헤모힘은 한국 원자력연구원이 국가 예산 50억 원을 투입하여 개발한 면역기능 개선 건강기능식품으로 100세까지 누구나 섭취할 수 있다.
15명의 박사 및 의사급 연구진이 8년에 걸쳐 연구한 결과물이다.

면역력이란 외부에서 침입하는 바이러스, 세균, 독소 등 유해 한 물질로부터 몸을 보호하는 능력을 말한다. 외부에서 들어오는 온갖 병균이 입과 코, 피부 점막과 몸속으로 침투해 오면 가래와 재채기가 병균을 차단한다.

면역력이 약한 사람은 감기나 잔병치레를 잘 하고 상

처나 염증이 잘 낫지 않으며 심지어 불임도 면역력과 깊은 관련이 있다. 면역력이 강한 사람은 마스크를 쓰지 않았는데도 코로나에 걸리지도 않고 피부가 맑고 트러블이 적으며 피부병을 모르고 산다. 그래서 면역력이 강하다는 것은 신체적으로 건강하여 치아, 귀, 오장육부에 아무런 증상이 없이 건강하게 잘 사는 것을 말한다.

 면역력이 강하면 강력한 질병이 오더라도 살짝 왔다가 가벼운 치료에도 빨리 낫지만, 면역력이 약하면 가벼운 질병에도 병상에 눕거나 사망에 이르기도 한다. 같은 병이라도 한 달 이상 가는 사람이 있는가 하면 3일만 콜록거리다 멀쩡한 사람이 있는 것은 개인적으로 면역기능이 다르기 때문이다.
면역력이 강했던 사람도 한순간에 무너져 방어벽을 뚫고 체내에 들어와 인플루엔자로 고생하므로 늘 조심해야 한다.

 사람은 출생부터 만9세까지와 50세 이후부터 면역기능이 떨어진다.
자동차도 오래 굴리면 고장이 잦듯이 사람도 오장육부와 장기를 오래 쓰면 낡아져서 면역기능도 떨어질 수밖에 없다. 그러므로 젊은 사람보다 나이 든 사람일수록 면역력이 약한 것이다.

강한 면역력은 질병을 비켜 간다거나 역병을 면한다고 말한다.
이 말이 얼마나 면역이 중요한지를 말해주는 것이다.
도둑맞지 않으려면 문단속을 잘해야 하듯이 우리 몸에 병은 예방이 되어야 걸리지 않으므로 그 첫 번째가 면역력을 키우는 것이다.

 우리 몸에는 하루에 5천여 개의 암세포가 생성된다. 그럼에도 모두가 암에 걸리지 않는 것은 암세포에 신속하게 대응하여 제거하기 때문이다.
면역계에 이상이 있거나 작동하지 않을 때 암세포는 영역을 확장해 가며 신체 각 부위를 잠식해간다.

 면역력이 약하면 암, 감기, 폐렴, 기관지염, 방광염 등 각종 질병 발생률이 높아진다. 머리끝부터 발끝까지 면역력이 미치지 않는 곳이 없다고 하여도 과언이 아니다.
봄철 꽃가루 알레르기나 원형탈모까지도 면역력에 해당한다. 그렇지만 복숭아 알레르기, 당근 알레르기, 대머리는 유전에 가까울 수 있다.
예방 주사도 면역력을 높여 전염병에 걸리지 않게 높여주는 백신 접종이다.

그러면 질병을 예방하고 순조롭게 치유할 수 있도록 면역력을 높이려면 어떻게 하여야 하나?
만병에 근원인 스트레스를 받지 말아야 한다.
스트레스를 받지 않는 사람은 없지만 떨쳐내어야 한다.
근심, 걱정, 고민, 불안, 초조, 조바심, 앙심, 질투, 다툼, 미움, 욕심 이런 것들을 자제하며 의도적으로 피하여야 한다.
스트레스를 푼다고 술을 마시는 것보다 산책하며 음악을 듣거나 독서를 하는 것이 좋다.

체온을 높여 주는 것이 중요하다. 멋을 낸다거나 날씬하게 하려고 겨울인데도 내복도 안 입고 미니스커트에 배꼽티는 당장에는 모르지만, 불임과 여성 병을 달고 살게 된다.
그래서 음식도 따뜻한 음식을 먹어야 하며 냉수, 냉차, 빙수, 냉수욕은 체온을 떨어트려 면역력이 약화 된다.

스트레스 체온 다음에는 수면과 영양, 운동이다.
90이 넘어도 끊임없이 활동하는 사람은 면역력도 강하다.
건강은 예방이 첫째라는 것을 잘 알기에 면역이 그에 대한 답으로 돌아온다.
스트레스를 비켜 가고, 체온을 늘 높이고, 8시간 이상

낮잠까지 9시간을 숙면하고, 규칙적인 식사로 골고루 먹고 활동하며 5천 보 이상 걷는다.
그리고 면역력을 높이기 위해 애터미의 헤모힘을 섭취한다.

 나이 든 분들은 입으로는 건강이 최고라고는 하지만 어떻게 해야 약도 먹는 게 없이 120세까지 두 다리로 걸어 다닐 수 있는지 모른다.
그 이유는 독선적인 마음의 문이 닫혀있어 건강세미나 참석이나 건강 서적을 보지 않아도 다 안다는 안일한 생각 때문이다.
바로 이런 것이 아무것도 하는 일 없이 인생을 낭비하며 노년을 아깝게 보내는 일이다.

 전국민에게 건강 설문 조사를 하였더니 질병 예방을 위하여 건강식품을 섭취하고 있다는 응답이 35%뿐 이었다.
오히려 젊은 사람이 노인들보다 더 많았다.
노인 중에는 홍삼이 무엇인지 80이 넘도록 한 번도 구경 못 해본 사람이 수두룩 한데 헤모힘은 더 말할 것도 없다.

 앞으로 헤모힘 시장은 무한대로 보여진다.

필자가 일본에서 현지 법인 '생보석' 사업 시 일본인들 90%가 건강식품을 섭취하였고 그래서 세계 장수국 1위가 일본이었다.
건강식품의 섭취는 건강악화를 사전에 방지하기 위해 관리 하는 것이다. 나이가 들수록 면역력이 떨어져 질병에 취약한데도 그 이치를 깨닫지 못한다.
건강식품 섭취, 규칙적인 좋은 생활습관, 충분한 수면, 적당한 운동, 고른 영양섭취는 면역 관리의 기본이다
헤모힘 같은 건강식품은 한 번만 섭취하는 것이 아니라 꾸준히 섭취해야 한다.
지금보다 건강한 미래를 위해 준비해야 지혜로운 사람이다.

 소화력이 약한 노인은 음식만으로는 충분한 영양섭취가 어려워 비타민, 미네랄, 단백질 등의 보충이 필요해 건강보조 식품을 섭취해야 한다.
그러려면 장기에 부합하는 제품을 선택해야지 건강기능식품은 치료제 약이 아니다.
약으로 오인하고 몇 번 복용하였는데도 효과가 없다고 불만을 터트리는 노인들이 많다. 꾸준히 섭취해야 효능이 나오는데도 조급함 때문에 분통을 터트리고 만다.

 신체의 정상적인 기능을 도모하거나 생리 기능 활성화

를 통해 건강을 유지 또는 개선하는데 의미가 있다.
그러므로 질병 발생 위험 감소 기능, 생리 활성 기능, 영양소 기능으로 구분된다. 건강식품 섭취는 질병의 발생 건강 상태에 위험을 낮춘다.
애터미에는 수백 종의 건강식품과 화장품 생활용품이 있지만, 회원들은 헤모힘부터 섭취해보고 헤모힘이 얼만큼 좋은지 알게 되어 자신감이 생겼다고 말한다.

 필자가 자수정출판사를 운영하면서 부업으로 자수정 홈쇼핑에서 신문광고로 건강기능 식품을 판매하였다.
TM(텔레마케터) 여직원이 30여 명 있었는데 교육 시 고객이 가장 많이 원하는 게 남성은 정력제, 여성은 예뻐지는 화장품이나 미용기구라고 말했다.
할아버지들은 다리가 부들부들 떨리면서도 사무실까지 간신이 찾아와 남성 발기 기구를 실험해보고 구매하겠다고 떼를 쓰기도 한다.

 여기는 홈쇼핑이라 오시는 데가 아니라는 데도 막무가내였다. 그렇다고 노망난 할아버지가 아니라 남자의 본능으로 죽는 관 앞에서도 여자 생각이 난다는 것을 말해주는 솔직한 행동이다.
지금 같으면 다리에 힘이 풀려 후들거리는 할아버지에게 몸이 우선 회춘 되셔야 하므로 건강기능 식품을 추천해 드렸을 것이다.

 앞으로는 30만 명의 고객과 독자 그리고 홈쇼핑 구매자들에게만 본 서적을 발송하여 애터미를 알리고 헤모힘을 추천해 드리려고 한다.
그동안 잘 몰랐던 분들에게 회원가입 하는 방법을 알려드리고, 헤모힘뿐만 아니라 생활용품도 꾸준히 사용하실 수 있게 도와드리려고 한다.

 헤모힘은 면역기능 개선인 건강식품으로는 국내 1호다. 1997년 국가기관인 한국원자력 연구소에서 연구하였지만, 상품은 만드는 것보다 판매가 중요한데 판매가 저조 하자 박한길 회장이 독점으로 인수하여 몇백만 개가 소비자 손에 넘어가고부터 빛을 보기 시작하였다.

 면역기능 개선에 도움 된다는 걸 확신하여 과대광고 없이 겸손한 자세로 판매하였고 그 결과 그 효능은 체험해본 사람만이 알 수가 있기에 지금까지 꾸준히 히트한 제품이다.
어느 광고 카피에 '남자에게 참 좋은데 말할 수가 없네.'처럼 헤모힘도 마찬가지로 생식기능과 정력에 말할 수 없는 만족을 느낄거라고 생각한다.

한국원자력 연구원은 의사들이 암을 연구하는 국과 기관이다.
발명은 필요에 의하여 탄생 되듯이 조성기 박사는 암을 이기려면 면역력이라는 걸 알고 연구하였다.
그는 약골로 태어나 질병으로 죽을 고비를 여러 차례 넘겼고 잔병치레는 달고 살았다. 고3 때는 수술까지 받게 되어 성적이 떨어져 '왜 나는 자주 아플까?'라는 생각을 하게 되었고 그 후 질병에 대한 관심을 갖고 서울대 미생물학과에 진학했다.

1970년 신대륙을 발견하듯 면역학을 정립하여 1982년 군 제대 후 한국원자력 연구소에 입소하였다.
조성기 원자력 소장과 면역학이 붐을 일으키면서 제품 하나를 만들고 싶다는 욕구가 샘솟았다. 그래서 조성기 소장은 윤택구 박사와 합류 하여 연구에 몰입하였다.

원자력 하면 원자폭탄이 떠올라 무서운데 방사선 의학의 연구와 첨단 원자력 의학기술을 상징화하여 붙여진 이름이다. 그만큼 암 연구와 면역연구에 전문인 병원이다. 암 환자들이 방사선으로 항암치료를 받고 나면 녹초가 되어 먹으면 모두 다 토하고 머리는 다 **빠**져 흉하게 되고 몸은 **뼈**만 남아 항암치료 방사선 말만 들어도 몸서리친다. 그래서 면역력 제품이 시급하다고 판단하였다.

　환자들이 암으로 그냥 사망하는 것보다 항암치료 받는 걸 더 고통스러워하는 이유는 방사선을 쪼여 암세포를 죽이고 주변으로 암세포가 옮기는 것을 막으며 그 과정에서 정상 세포도 손상시킬 수 있기 때문이다.
이 과정에서 여러 가지 부작용으로 환자들이 고통스러워하고 무엇보다도 암 환자가 많아지는 원인은 면역력 때문으로 면역력만 강하면 무병장수할 수 있다.
그래서 미리 면역력을 관리하는 것이 중요하다고 판단하여 연구 개발된 것이 '헤모힘'이다.

　국가기관이 10여 년에 걸쳐 심혈을 기울여 탄생한 헤모힘은 33종의 식물추출물로 만들어진 제품이다. 미국, 일본, 영국, 프랑스, 독일, 이탈리아까지 선진국에서도 국제특허를 받은 제품으로 기력이 좋아져 남성 스테미너도 살아난다.

　보혈(補血)은 피를 보충하고, 보기(補氣)는 기운을 북돋아 둘이 상호 보완해야 면역력이 강화된다.
옛 양반들은 생약 효과가 있다고 하여 혈과 기를 보호하기 위해 사물탕, 사군자탕, 십전대보탕, 구비탕, 보증익기탕, 삼령백출산, 허브 등을 정성스럽게 달여먹었다.

연구팀이 문헌이나 논문자료에 근거하여 먹기 편하게 만든 것이 바로 헤모힘이다.

 이렇게 좋은 보약 중의 보약 같은 명품 건강기능 식품이라 하여도 소비자가 안 알아주면 종이호랑이만도 못하다.
그래서 만드는 사람은 만들고 파는 사람은 팔아야 한다. 아무나 만들고 아무나 파는 것이 아니다.
원자력 연구진이 각고 끝에 만들어 샴페인을 터트렸지만, 신문광고를 내보면서 실망하였다. 하루종일 겨우 세 통의 문의만 오고 종 쳤기 때문이다.
사람도 때를 잘 만나거나 사람을 잘 만나야 운이 트이듯이 제품도 어느 때에 어떤 임자를 만나서 제대로 빛을 보느냐가 중요하다.

 면역학문은 참으로 오묘하므로 인류가 모두 다 밝혀내기란 어려울 것이다.
인간은 수억 명이 있어도 얼굴이 제각기 다르듯이 성격도 다르고 인체에 미치는 저항력도 다르다.
그러나 애터미 헤모힘은 인종이 다른 해외에서도 인정받아 기대 이상의 인기를 얻고 있다. 인종이 달라도 면역력에 탁월하며 가격(60포 두 달분 88,000원)이 저렴해 계속해서 판매되고 있다.

다른 경쟁업체에 이런 독점 아이템이 있었다면 소비자에게 백만 원 이상 눈탱이를 치거나 배짱부렸을 것이다.

세계 제일 부자인 미국에서 헤모힘이 소비자들로부터 인정받아 불티나게 팔려 나갔다면 호랑이에게 날개를 달아준 턱이다.
우리나라 국민도 일찍 헤모힘을 알았더라면 질병에 걸리는 환자가 훨씬 줄었을 텐데 안타까운 실정이다.
미국과 유럽에서 인기가 끊이질 않자 러시아와 중국에서도 관심을 보여 헤모힘의 매출이 2조 원에 이르렀다.

맛없는 음식점이 파리만 날리는 것은 장사가 안되면 무슨 문제가 있는지 자아 반성을 해야 하는 데 시국이 어려워서 손님이 없다고만 생각하지 맛이 없다고 생각하지 않는다.
그렇듯 사람들은 품질에 대해 예민하므로 품질이 나쁘면 매출 상승은 있을 수 없는 일이다.

해외시장에서 헤모힘을 연구한 조 박사에게 어떻게 이런 좋은 제품을 만들었냐고 물으면 조 박사는 대답한다.
허약하게 자란 내가 면역 분야만을 연구한 게 운이 좋

앉다며 운때가 잘 맞은 것 같다고 겸손함을 잊지 않는다. 마치 갑부에게 부자가 된 비결이 뭐냐고 물으면 우리 아버지가 가난했기 때문이라는 이치와 같았다.

 애터미에서 헤모힘을 판매하기 시작한 것은 지금으로부터 16년 전인 2009년부터이다. 그 후 2년 국내에서만 천억 원이 넘는 매출을 올렸다.
소비자를 사로잡을 수 있었던 원인은 품질과 가격, 네트워크 조직, 판매기술 때문이다. 이렇게 3박자가 맞아떨어지게 이끌어온 것은 두말할 나위가 없이 박한길 회장의 경영학 박사다운 리더쉽이다.

 조선시대 뛰어난 인삼장사 임상욱처럼 타고난 거상 박한길 회장에게 헤모힘이 눈에 띄었기 때문에 베스트셀러가 되고 효자상품이 될 수 있었다.
제품을 만든 연구진이 판매한 것은 초라하게도 모두 500상자도 채 되지 않았다. 이 정도면 생존이 걸려 있어 곧 문을 닫아야 할 형편이었다.
그래서 안 팔리는 물건은 통상 위탁판매를 하는 경우가 많은데 제품을 만들고 판매하는 데에는 각자의 전문분야가 있기 마련이다.

 장사꾼들 몇 명에게 외상으로 위탁판매하였으나 마찬

가지였다.
팔리면 좋고 안 팔리면 말고 돈 주고 사는 게 아니니 판매에 머리를 쓰지 않으면 프로가 아니다.
그렇게 의학박사들이 심혈을 기울여 어렵게 명품으로 만들어낸 헤모힘이 주워온 자식처럼 버림받으니 기가 막혔다.
이제는 마지막으로 제품 모두가 사장될 판이었다.

 이때 애터미가 창립한 지 3년쯤 되었을 때 박한길 회장이 우연히 TV에서 헤모힘 뉴스를 보고는 귀가 번쩍 뜨였다.
한국원자력 연구소에서 개발한 그 좋은 제품이 판로 개척을 못 해 사장될 위기에 처해 있다는 것을 보고는 '내가 한번 팔아 볼까!'라는 생각이 들었다. 누구보다도 파는 데는 자신이 있었다.
사람마다 특기가 따로 있어 거상 박한길의 눈에는 예사롭지 않아 보였다.

 초등학교 시절 장래 희망이 뭔지 적어 내라고 했을 때 다른 친구들은 대통령이나 축구선수 아니면 버스운전사를 써냈는데 박한길은 장사꾼이라고 써냈을 정도로 장사에 진심이었다. 하지만 담임 선생님은 장난질을 한다며 핀잔을 하셨다. 할머니로부터 아버지가 일본과 중국을 다니며 장사하여 큰돈을 벌었다는 무용담을 들으며 커왔기 때문에 박한길도 세계를 누비는 큰 장사꾼이 되는 것이 꿈이었다.

 애터미를 설립하기 전에는 온라인 쇼핑몰을 창업하기도 하였다.
앞으로는 반드시 온라인유통이 대세가 될 것이라 확신하였기 때문이다.
2000년도에 시대를 너무 앞서가다 실패하여 신용 불량자가 되었지만, 그 당시 44세라는 나이가 아직은 젊다라고 여기고 오뚝이처럼 다시 일어섰다.
실패하지 않고 탄탄대로만 걸어온 거상은 없다.
실패의 시련과 곤경은 거상이 되기 위한 자양분이 될 뿐만 아니라 인간을 더욱 성숙하고 성장하게 만든다.
건강하고 용기를 잃지 않으면 기회는 반드시 찾아온다는 명언을 항상 염두에 두고 좌우명으로 삼으며 살았는데 바야흐로 헤모힘이 제 발로 성큼 찾아왔다.

 그러나 사업 실패에 신용 불량자에 간경화로 시한부 인생인 상황에서 판매에 대한 열정이 넘쳤던 것은 헤모힘 자체가 물건이었기 때문이다.
사람도 첫눈에 반하는 사람이 있듯이 헤모힘도 첫눈에 반하였다. 이렇게 반할만한 상품이라면 얼마든지 히트

시킬 자신이 있었다.
그 즉시 박 회장은 한국원자력 연구소장인 장인순 박사를 찾았다.

 장 박사는 생산처인 김치봉 대표를 소개해주었다. 그리고 드디어 2009년 6월 상품공급 계약을 맺었다.
500상자도 팔리지 않았던 원인이 분명 있었다. 장사할 줄 모르기도 하였고, 가격이 너무나 고가였다.
60포 한박스 한 달 분이 77만 원이라니 소비자들은 부담스러워 외면하였다. 이렇게 고가인 것을 두 달분에 88,000원으로 인하하니 불티가 나기 시작하였다.

 이쯤 되니 말기 암으로 시한부 인생을 사는 이상 물에 빠진 사람 지푸라기라도 붙잡는 심정으로 마지막 힘을 다했다.
겨우 5백 박스만 팔 수는 없어 박한길 회장은 헤모힘 가격을 10분에 1수준인 7만 원대로 인하하겠다고 과감하게 결정하였다.
하지만 애터미 내부에서부터 반대 의견이 쏟아져 나왔다. 그렇게까지 가격을 내릴 필요가 없고, 기존에 반값인 35만 원으로 하여도 무난할 상품이라는 의견들이었다.

제품의 우수성과 어디에도 없는 기술력에 대한 자부심이 담겨 있었고, 또한 원자력 의사들이 연구한 제품이라는 신뢰성 때문에 브랜드 가치가 높다고 판단하였지만 이렇게 귀한 제품을 우리 스스로 가격을 깎아내린다면 제품품질까지도 싼 게 비지떡이라는 이미지로 비칠까 봐 염려되었다.
그러나 박회장은 요지부동이었다.

결국은 김치봉 대표를 만나 담판을 지었다.
두 달분 88,000원에 판매할 수 있도록 공급조정을 해달라고 하니 듣자마자 불가능하다고 안된다고 펄쩍 뛰었다. 할 수 없이 박한길 사장은 비장의 무기를 꺼내 들었다.
주문 시마다 10만 박스씩 발주하데 입고 즉시 약속어음이 아니고 현금 결제하겠다고 하니 그때 서야 단가 조정을 해보겠다는 답을 들었다.

품질은 우수하게 그대로 유지하되 대량 생산을 하면 원가는 엄청나게 절감되는 게 제조 업자들이 가장 바라는 생산 원리다.
품질이 좋다고 비싸게 파는 것은 누구나 할 수가 있다. 그러니 유럽의 명품 가방도 소량으로 제작해서 한정판매하여 터무니없는 가격인 수천만 원을 호가하는 것이다. 만약 가방을 하루에 몇십 개 만들다가 몇천 개씩 만들면 그 가방 역시 10분의 1 이하로 떨어질 것이다. 이것이 장사의 이치이다.

 박회장은 좋은 제품이지만 누구나 접근성이 가능한 저렴한 가격으로 박리다매하는 것이 상품을 알리는 좋은 기회라는 생각이 들었다.
떴다방처럼 반짝 판매가 아닌 미래의 비전을 보고 10년, 20년, 30년 이상을 내다보면서 사업하려면 제품이 좋아야 한다. 그래서 애터미 하면 품질 좋고 저렴해 믿음이 가는 회사로 소비자들에게 인식이 되어야 한다는 경영철학이었다.

 박한길 회장의 경영철학은 적중했고 헤모힘은 없어서 못 팔 지경이었다. 공장에서는 밤새워 24시간을 가동해 만들어도 한강에 돌 던지기로 그 많은 제품 박스가 어디로 갔는지 하나도 보이질 않았다.
이럴 때가 사업에 묘미로 피곤한 줄 모르고 밤을 설치게 된다.
박회장은 사업이 잘 되니 더 열정적으로 덤벼들어 마른 수건을 쥐어짜듯이 원가 절감을 더 하여 포수를 늘리는 데 안간힘을 썼다.

가격적인 메리트가 더해지면서 판매량은 기하급수적으로 늘어나 생산 물량은 폭발적이었다. 건강식품 중 헤모힘보다 더 판매된 제품은 국내에서는 찾아볼 수가 없었다.
각고의 노력 끝에 헤모힘은 2014년 5년 만에 천억 판매를 돌입했고, 2022년에는 2조 원에 매출로 이어졌다. 눈에 보이는 경쟁자는 경쟁자가 아니다. 눈에 당장 보이지 않는 경쟁자가 진짜 경쟁자다. 잠재적인 경쟁자와 숨어있는 경쟁자까지 감히 넘볼 수 없는 초월적인 가격으로 승부를 걸은 게 애터미를 우뚝 일으켜 세우는 원동력이 되었다.

 박한길 회장은 마음이 정직하기 때문에 꿈이 있었고, 양심적이기 때문에 사회에 기여 하는 바가 크다.
박회장은 건강식품 헤모힘으로 대한민국 국민을 건강하게 만들었고 전 세계 사람에게도 건강을 지키게 하였다.
글로벌대표 건강식품이 되려면 품질은 물론 가격이 저렴하여야 한다. 그래야 접근성이 좋아 부담 없이 지갑을 열게 된다. 가격이 고가이면 누구도 지갑을 쉽게 열지 않는다.

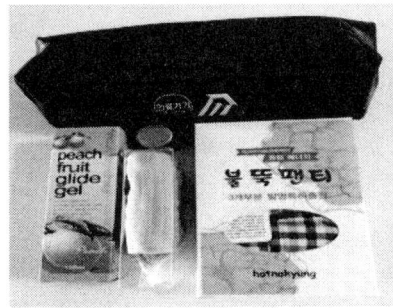
쇠말뚝

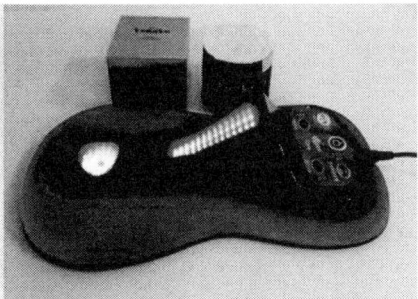
야생마

대마종자유

알부민

탈모비누

헤모힘

제품 문의 010-8558-4114